U0688543

老子精释

编 | 介
著 | 聂

A DETAILED
EXPLANATION
OF LAOZI

中国文史出版社

图书在版编目（CIP）数据

老子精释 / 介聂编注 . — 北京：中国文史出版社，
2024.1

　ISBN 978-7-5205-4591-4

　Ⅰ . ①老… 　Ⅱ . ①介… 　Ⅲ . ①《道德经》—研究
Ⅳ . ①B223.15

中国国家版本馆 CIP 数据核字（2023）第 250387 号

出 品 人：彭远国
责任编辑：窦忠如

出版发行：中国文史出版社
地　　址：北京市海淀区西八里庄路 69 号　邮编：100142
电　　话：010-81136602　81136603　81136606（发行部）
传　　真：010-81136655
制　　版：北京方舟正佳图文制作有限公司
印　　装：廊坊市海涛印刷有限公司
经　　销：全国新华书店
开　　本：880 毫米 × 1230 毫米　1 / 32
印　　张：17.75
字　　数：165 千字
版　　次：2024 年 7 月北京第 1 版
印　　次：2024 年 7 月第 1 次印刷
定　　价：98.00 元

老子道德經為中國哲學
開山之作為經之王被後
人尊奉為治國齊家修身
為學的寶典

甲辰夏月
黃信陽

黄信阳
全国政协委员
中国道教协会咨议委员会副主席
北京市人大常务委员会委员
北京市道教协会会长
河北省道教协会名誉会长

内容提要

这是一部与人类认识同步诠释《老子》的新作。注释者以独特的精神形态分析的视角，对"万经之王"《老子》的幽微内含探赜赏要，钩深致远，力求使老子哲思有所新的发明。注释者在哲学、文学、古汉语方面均有较深的学识基础，因而对《老子》这部哲理高深、文字高古、行文诗化的哲学佳构，在每章的提示、注解、翻译方面，都有较好的全面把握。

引 言

关于《老子》的研究，不能永远停留在解经训诂，版本比较上。这样说，并不否定先贤和后进者在这些方面学术研究的功绩，而是根据认识的深化原理和人们的精神不断开扩的要求，必然要使这一专项研究步入新阶段，尽力消除认识上的新旧叠加的迷雾，以便为探赜老子哲思的幽微内涵辟出新途。

事实上，在我们的思想界，特别是在网络上交流的关于《老子》的解读中，人们对老子思想的认识极其混乱，很少有人从他独特的哲学高度，真切理解这部典籍的社会作用和本来意义。

有鉴于此，这本《老子》的新诠释，或在每章的"提示"中，或在"注译"中，特别在附录的《重新认识老子》的长篇论文中，着重贯彻了我长期研读《老子》得出的一些学术新判断。主要有下面三个方面——

其一，道学和儒学在意识形态结构中所处的位置不同。作为道学代表作的《老子》是纯哲学，而作为儒学代表作的《论语》其本质是政治学、伦理学（不赞同属于哲学）。哲学和宗教、艺术（包括文学）三者，属于悟性精神形式，在意识形态结构中居于上层。政治、道德与其他法律、科学等属于认识型精神形式，居于意识形式结构中的下层。因此，道家思想和儒家思想的产生，虽然根基都是物质基础，但生成的过程及其具体情形是不同的，其对社会的作用也不相同。正是两者有根本性的区别，我们在解读《老子》时，就要泾渭分明，不能把儒、道混为一谈。

其二，认为老子哲学属于唯心主义或客观唯心主义，是未解老子思想与社会现实复杂联系的误判。对于老子的宇宙观（自然观），一般没有人说他唯心主义。老子明确指出，宇宙的本原是"有物混成，先天地生"，从而演化为万物与人。这是世界公认的人类最先理性认识宇宙的十分可贵的自然而朴素的唯物主义观点。人们误判老子思想属于唯心主义，主要是依据他主张的"无为而治"的历史观。其实，老子哲学思想包括理想主义的产生，绝非主观想象，而是针对现实社会的负面反思的结果。《老子》的不少章节中，都有对西周晚期到东周初期社会矛盾日益尖锐的客观揭示，说社会上层贵族宰制横行，生活则荒淫无耻，而广大庶民不堪其苦，反抗的意志到了"民不畏死奈何以死惧之"的地步。虽然对现实的揭示不是哲学的主体(哲学不是为直接反映现实的),但对现实的感受经曲折的过程,形成一种悟性的反应,于是,老子提出了诸多揭示人类社会问题的根本性哲理,最著名的就是"天之道损有余而补不足,人之道则不然,损不足而奉有余",远在2500年前就能有如此重大而深刻的哲理判断,不能不令人惊叹。同时,在他的哲思中也相应预示出一幅革除积弊、理想先行的社会蓝图。这些先进哲思的内涵,又会由感悟的精神力量启迪现实中的人,并最终反馈于社会。显然,这是一个物质精神互变的特殊过程,怎么能与唯心主义相提并论?

其三,明确道体与道用二者的辩证统一才能深解《老子》。"道"是道学的根本理念,作为《老子》一书的核心思想,它是在论述宇宙本原时形象地提出的。它与别的学派以及后来通常所说的道不同,它不是道德性概念,也不是专用于说明规律,而是不可感知的物质性概念。由此而演化出万物,由此而引申出"德"。所谓"道生之,德畜之",就是道学研究者所讲的道体和道用。道体指道本身,道用是道演化万物时具化的可感知的过程和作用,并把它抽象为"德"。尤其要注意的是,在老子的哲学中,道与道用(德)不仅适用于自然界,同样也适用于社会。这种无限统一性,体现了道学理论具有宏观视角和巨大概括的超然特点。它对于人类社会来说，着重强调社会运行的真理性与自然规律相一致，人的行为绝不可以违背自然规律。

明确道学的道体和道用即道与德的统一性，对正确解读《老子》非常重要。明确此点，才能正确领会老子所讲的道是什么，所说的德是什么，为什么道与德两者是"无""有"的统一，"虚""实"的统一。明确此点，才能领会道是宇宙观，但它不仅仅是宇宙观，然而无论用于说明自然，还是说明社会，其本质都归结为"自然"二字。明确此点，才能排斥"把道用于社会是老子哲学的机械主义"的偏见。《老子》作为哲学，不是直接解决现实问题，而是解决现实问题的问题，因而通过感悟和启明的方式，以客观规律纠正人行的失误，以自然的纯粹恢复人性的本真。可见，道用贯穿于自然和社会，才构成了老子哲学体系的有机统一，哪里有什么机械的弊端？

为深解《老子》，本注释者还尽力运用哲学理论，历史知识、文学修养、古汉语语法尤其是先秦古文语法等，对以往注释中长期存在的疑难，反复进行综合性探究，做出了新的诠释。如文中的"天地不仁，以万物为刍狗"句，注释者往往把这个"不仁"，顺着字面解释为不仁义，这显然是讲不通的。殊不知道家反对的就是儒家的仁、义之类的说教，而主张"至仁"（庄子语），即不分亲疏，一视同仁。所以对"不仁"的理解和翻译应为"一视同仁"，下句的翻译则为"无论是生长的万物，还是用草编成的祭祀用的刍狗，都同等看待"。如"天下皆知美之为美，斯恶矣"句，由于缺乏对隐晦章义的思辨，常把"恶"简单地翻译为丑，其实这里是"厌恶"义，转义为不觉得、不存在，意思是天下人都明白怎样是美时，美也就不存在了。老子先举"美"和"善"为例，说明世界上的事物都有对立面，然后顺接引出"有无相生，难易相成……"一大串对立面互相转化的事例。如"载营魄抱一，能无离乎?"句，其中的"载营魄抱一"，一般注释者，以现代思想解为精神和身体的合一，因而超脱了原义，有的还生硬地把"抱一"理解为"道"。若求甚解，营古义为四周垒土而居，引申为围绕，而魄，古人认为与魂不同，魂可游离飘散，而魄则常围绕身旁。因而此句意应是，把原本围绕身体的魄，硬要人为地与身体结合在一起，能不分离吗?全章讲的都是遵循自然之性的道家玄德，这样理解才与本章的中心意相合。如"虽有拱璧以先驷马，不如坐进此道"句，魏晋王弼注此句为："虽有拱抱宝璧以先驷马而进之，不如坐而进此道"。王弼沿用的是更早的河上公本，语意完全相同。但不知近代最先是哪位注释者错解了王弼注语中的第一个"进"字，以为是进献义，所以后来许多注释者几乎把此句都译为"先拱璧后

驷马的进献礼"。其实前后两个"进"义相同，本义为
"前"，引申为"入"，此句中前者对物，可理解为享
有，后者对道可理解为进入、融入。前后的两个动宾结
构"拱璧"和"先驷马"，是并列关系。解读的紧要处，
在于"先"与"以"两字在此句中的正确诠释，"先"
原为动词，其本义当前进讲，不是后来的引申义先后之
先（形容词），而"以"这个连词，在此表并列，所以两
句的解读应是：虽然享有大璧珍宝和前行的驷马华乘，
不如安下心来修习并融入道义。这里的拱与先两动词形
化，以便让表达自然而妥帖。细读王弼原文，与此翻译
的语意是相同的。

老子哲学可誉为千古思想之绝唱，不但古今受众广
泛，就连西方自十六世纪以来，各界名人大家都对老子
奉若神明般肃然敬仰，由衷地汲取他的智慧。不同风格
的哲思表达形式并未让西人感到阅读的障碍，反而被精
神的幽深玄妙深深吸引。由此可知，《老子》的哲学形
式是一种独特而优秀的东方文体，哲理的阐述寓于形象
的表达之中，而且又以诗的韵味，在彰显道学玄而又玄
的风趣之外，还散发出暗香似的美。这种与高深智慧相
匹配的特色，在这本译注中也注意到了，81 篇译文尽可
能以韵文形式对应，在不影响明朗释意的前提下，寻词
觅句，反复推敲，极力再现原文的形式美。

　　既然主张《老子》的哲学内涵能被学术不断挖掘，以便求得深解，当然也知道更新更好的有关解读还在后头；而且真诚地讲，一个人的知识和能力毕竟有限，错误和不足难免存在，希望读者针对问题提出宝贵意见。

编著者

2023 年 7 月 10 日于北京

目　录

引　言

正文

附录

正文

第一章

【提示】

首章是全书总领，是老子哲学体系的开宗明义，须首先领会。

文中给出了两对极抽象而深奥的概念，即道与名，无与有。道指宇宙本原及其发展规律，名则是相应的表述。无指万物之始，实而无形，有指万物之根，实且有形。如此理解，才能正确领会老子笔下的无和虚并非无有空虚，而是具有物质性的概念。

若参照第二十五章，"有物混成，先天地生"，更会了然那天地"有"的根源是物质，也就是说，天地及万物从根源上讲都是混为一体的无形的物质，而那个"道"与"无"实质是同质而异名，各表一种特性。

因此，说《老子》是唯心主义，是未解其真义
的误解，结论应属唯物主义思想体系。

【原文】

道① 可道，

非常② 道；

名③ 可名，

非常名。

无④ 名，

天地之始，

有⑤ 名，

万物之母。

故常无，

欲以观其妙，

常有，

欲以观其徼⑥。

此两者，

同出而异名，

同谓之玄⑦，

玄之又玄，

众妙之门⑧。

【注解】

① （见提示）

② 常，一般的，最概括抽象的，具有永恒无
际的时空意义。

③ （见提示）

④ （见提示）

⑤ （见提示）

⑥ 徼，（zhuó），原指系在箭上的细线，为
循线寻猎物。此处可引申为真实义。

⑦ 玄，幽远深奥。

⑧ 门，《玉篇》称门为"人之所出入也"。
此处当出现或产生解。

【译文】

我讲的这个"道"，

如果能具体说明的话，

那就不是永恒无际意义的道；

与它相匹的"名"，

如果能称呼的话，

那也不是永恒无际意义的名。

所谓"无"，

是指万物的原始；

所谓"有"，

则是指万物的根本。

所以从常无中，

可以领略它的微妙；

从常有中，
能够感受它的真实性。
这两者来源一致而说法不同，
同样深奥幽远。
它们玄中加玄，
众多微妙都是从那里产生。

第二章

【提示】

二章阐发辩证思想，而且是老子辩证法最为典型的一章。

不得不指出的是，不少疏注和译文，因强调道义而在一些语句的诠释上难免偏离，对此章的一些关键性词语如"恶""处""行""无言""无为"等，或望文生义，发生误解，或未经明晰，生硬破译，都有碍于对本章及后章本意的正确而全面理解。

【原文】

天下

皆知美之为美，

斯恶①已，

皆知善之为善，

斯不善已。

故有无相生，

难易相成，

长短相形，

高下相倾，

音声②相和，

前后相随。

是以圣人

处③无为④之事，

行⑤不言⑥之教，

万物作焉

而不辞，

生而不有，

为而不恃，

功成而弗居。

夫惟弗居，

是以不去⑦。

【注解】

① 恶，作厌恶解，转义为不觉得，不存在。

② 音声，《乐记》注："杂比曰音，单出曰声。"意思是众声互相配合叫音，单独一个音叫声。

③ 处，当处理解，简称做。

④ 无为，《老子》中心语之一。不能误解
　为无所作为。正确理解应为合理地、恰当
　地去行为。这从第三章"为无为，则无不
　治"，第六十四章"为之于未有，治之于
　未乱"，可参证。

⑤ 行，此处当言讲。《尔雅·释诂》："行，
　言也。"但鉴于讲的是"不言之教"，姑
　且译为传授。

⑥ 不言，指对道义的认知，只能去体悟，
　一般的说教无济于事。首章首语已说得明
　白，"道可道，非常道"，所以这里的不
　言是特指传习道义的方法。

⑦ 去，原指离开，此处引申为失去。

【译文】

　　　　当天下人都明白怎样是美时，
　　　　也就不觉得美了；
　　　　当天下人都明白怎样是善时，
　　　　善也就不存在了。
　　　　所以有与无互相转化而生成，
　　　　难与易互相比较而确定，
　　　　长与短互相对照而显现，
　　　　高与低互相对比而倾斜，
　　　　音与声巧于离合而和谐，

前与后交替转换而跟踪，
这是永恒不变的道理。
因此，真正的秉道守德之人，
只做行为适当的事情，
传授不可言传的道义。
万物发生并非从发生开始，
道化万物却不把它归为自己。
为道之人有所作为也不自恃，
成功之后也不自居。
正是由于不居功，
反而没有埋没他的功绩。

第三章

【提示】

此篇以道义为指导思想，展现按照无为理念治理社会的老子历史观。正确理解老子的无为而治从该章起。

【原文】

> 不尚贤，
>
> 使民不争；
>
> 不贵难得之货，
>
> 使民不为盗；
>
> 不见可欲，
>
> 使民心不乱。
>
> 是以圣人之治，
>
> 虚其心，
>
> 实其腹，
>
> 弱其志①，

强其骨，

常使民无知无欲。

使夫②

知者不敢为也。

为无为，

则无不治。

【注解】

① 志，即今之意。春秋前后"志"的字义原
本就是"意"。

② 使，此处以假使解。夫，指代，这，这样。

【译文】

不崇尚贤能，

使百姓不争名夺位；

不贵重稀有之物，

使百姓打消盗窃的邪念；

看不到贪欲充世，

使百姓心神不乱。

所以秉道守德之人治理国家，

要让人们思想淳朴，

生活充足，

弱化意念，

强健筋骨，

常使百姓保持清心寡欲。

假使这样，自以为

聪明的人也不敢轻易妄行。

依照这种无为的方法去管理，

国家就一定会安定太平。

第四章

【提示】

此章是老子关于道的进一步阐明。文字虽短，但生动地描述了道展现时的优游而空灵状态，发挥作用时的宏广而玄妙职能。对"冲"和"盈"的解释是关键，因为文中对规律虚拟形态的表述都借助于水。

【原文】

道冲①，

而用之或不盈。

渊②兮，

似万物之宗。

挫其锐，

解其纷，

和其光，

同其尘。

湛 ③ 兮，

似或存，

吾不知其谁之子，

象帝之先。

【注解】

① 冲，《说文》："冲，涌摇也。"流急涌动
   的意思。

② 渊，深渊，此处形容幽深沉静状态。

③ 湛，《说文》："湛，没也。"淹没的意思。
   此处形容潜形后似无实有的状态。

【译文】

道的始发如水的流注涌动，

而施展它的作用时又不曾满盈。

多么像幽深的渊源啊，

仿佛是万物之宗。

顿挫锐利，解脱纠纷，

参合光中不露锋芒，

混入尘氛遁迹其身。

多么像被水淹没后消形失踪啊，

潜在的行迹似无尚存。

我不知道它是由什么产生，

打个比方吧，

论辈分它是天帝的父亲。

第五章

【提示】

此章为难解章节之一。由于不解道家对"仁"的态度，由于文中例举的"刍狗"和"橐籥"对后人既觉冷僻，以例说理又极隐晦难懂，注疏极易偏离原意，这是读者特别需要慎思的。此章中心表达辩证观念，要义是适当(守中)，适当才能至仁，才有普惠。

【原文】

天地不仁①，

以万物为刍狗②，

圣人不仁，

以百姓为刍狗。

天地之间，

其犹橐籥③乎？

虚而不屈④，

动而愈出。

多言数⑤穷，

不如守中。

【注解】

① 仁，当亲、爱解。儒家和道家对仁的认识和态度不同，孔孟主张仁，而老庄则主张至仁，即今之大爱，因而道家反对仁。

② 刍狗，刍(zóu)，草，割草。刍狗，用草编结的狗形祭祀用物。此处意指刍狗的本质不过是自然而然的草，与万物异形异用而实质同性；比之百姓，也指百姓原本同性。所以，以道的观念应一视同仁。

③ 橐籥(tuó yuè)，古代的风匣。

④ 屈，当穷竭解。《前汉·食货志》贾谊曰："用之无度，则物力必屈。"

⑤ 数(shǔ)，本义计数，引申为谋算。

【译文】

天地普施至仁，

对万物一视同仁。

秉道守德之人也主张至仁，

对百姓一视同仁。

天地之间，

不正像一个风匣吗？

当它虚空时

内中空气不会穷尽，

鼓动起来空气就越来越少。

说话多了就会言多语失，

还是选择守中为好。

第六章

【提示】

此章是对道的发挥，重点说它的永恒性。首句
"谷神不死"历来众说纷纭，需慎思审辨。

【原文】

> 谷神不死①，
>
> 是谓玄②牝③。
>
> 玄牝之门，
>
> 是谓天地根。
>
> 绵绵若存，
>
> 用之不勤④。

【注解】

① 谷神不死。谷与神分解，谷为虚谷，神为
   灵幻，合意理解为虚幻。不死为永生，指
   道无始无终。

② 玄，此章中的玄，均以玄妙，幽远无垠解。

③ 牝，此章均以母性解。

④ 勤，以穷竭解。《淮南子·主术训》："力勤财匮。"力勤即力竭。

【译文】

道虚幻莫测，

无始无终，

可以把它称为玄妙的母体。

这玄妙母体的牝户，

就是天地的根本。

道就是这样延绵不绝，

若有若无，

演化万物的能量无穷无尽。

第七章

【提示】

继续强调道的恒久性，后半章转为德。何为德？对道的领悟并承受为德，属于道用范畴。这与《易传》所言"地势坤""厚德载物"中的德的理念相同。后世形成的行为规范的"德"是另一概念，须区别开来。

【原文】

天长地久。

天地所以能长且久者，

以其不自生①，

故能长生。

是以圣人后其身而身先，

外其身而身存。

非以其无私②邪③？

故能成其私。

【注解】

① 以其不自生。以，当因、因为解，自生，
即生自，古汉语否定句宾语提前，全句意
为因为它们的存在不是为了生存自己。

② 私，自己。

③ 邪，俗作耶，多表示疑问，但此处无疑问
义，而是用以强调语气。

【译文】

天地是长久的。
天地之所以长久，
是因为它们
生存不是为了自己，
所以能长久存在。
因此秉道守德之人，
总是把自己置身于最后，
结果他反而居先，
总是把自己置身于其外，
结果他反在其里。
不就是因为他忘我嘛，
所以才能成就了自己。

第八章

【提示】

此章彰显秉道守德的大义，而且引出德的最高形式——善。并以水为例，阐明善的含义为美好、完美，因而是最符合道义的。这也是老子历史观中最重要的理念之一。

【原文】

上善①若水，

水善②利万物而不争。

处③众人之所恶，

故几于道。

居善地，

心善渊，与善仁，

言善信，正善治，

事善能，动善时。

夫唯不争，故无尤④。

【注解】

① 善，古善字的组成是羊下两个言或三个言，表示吉祥之义；义繁体字为義，原意是自我威仪之义，也表吉祥之义。所以《说文》解释善为"吉也。与义美同意"。依此，善的本意可理解为美好、完美的意思。

② 善，此善及以下善均是引申义，作善于、擅长解。《礼·少仪》"问道艺，曰：'子习于某乎？子善于某乎？'"

③ 处，居、住的意思。

④ 尤，过失，罪过。

【译文】

水是最完美的象征，
它善于利泽万物而从不相争，
自处于众人不愿占据的地方，
因而它最接近于道了。
人要像水那样善于择地而处，
心神就会如深渊那样沉静，
与人交往就会博施仁爱，
说话就会言而有信，
施政就会有条有理，
办事就会发挥所能，
行动就会与时相应。
只有不争，才会避免过失发生。

第九章

【提示】

此章属辩证思维。月盈则亏，至阴则阳，这是自然规律。要以此规律自律人的行为，不能无限追求，一味贪婪，这样才能有人生适当之效。这也说明老子的无为思想，不能被曲解为不作为，而是于无为中求有为，只是要求适可而止。

【原文】

> 持而盈①之，
>
> 不如其已。
>
> 揣②而锐之，
>
> 不可常保。
>
> 金玉满堂，
>
> 莫之能守；
>
> 富贵而骄，

自遗其咎 ③。

功遂身退，

天之道也。

【注解】

① 持，手执，盈，满。《诗·大雅·凫鹥》
孔颖达《疏》中有"执持其盈满"语，与
此句完全同。

② 揣，1. 原义为量度。2. 引申为揣度。3. 同
捶，捶是木棒捶打。以往一般注释揣以捶
打解，更有联想锐与金属相连，因而把捶
打又借以锤打解，均显牵强附会。此处以2
义发挥解释为好，即主观欲望，主观思量。

③ 咎，过错，祸害。

【译文】

手持着极欲让它盈满，

不如让它适可而止。

思量着极欲让它锐利，

其实锐利不会长久保持。

金玉满堂，

没有谁能守藏；

富贵而骄奢，自遭祸殃。

功成即抽身而去，

这才符合自然规律。

第十章

【提示】

此章亦属老子思想的辩证理念，以道之精神阐发事物本真。以往以道体诠释首句"抱一"，非是。本章以"德"结尾，已说明论述倾斜于德之"用"，而非道之"体"。

【原文】

载营①魄②抱一，

能无离乎？

专气致柔，

能如婴儿乎？

涤除玄③览，

能无疵乎？

爱民治国，

能无为乎？

天门开阖，

能为雌④乎？

明白四达，

能无知乎？

生之畜之，

生而不有，

为而不恃，

长而不宰⑤，

是谓玄⑥德。

【注解】

① 营，原意为四周垒土而居。后引申为围
绕，以"萦"代。此处以围绕解。

② 魄，古老观念为附形之灵，与魂不同，魂
可远离体。

③ 玄，同悬。

④ 雌，此处当阴柔解。

⑤ 宰，宰制，《史记·礼书》："宰制万物，
役使群动。"可参考。

⑥ 玄，此玄作本义解，即幽深玄妙。

【译文】

载运形外游魄与身形合一，

能不分离吗？

聚集精气极力使神态柔和，

能如婴儿那样天真吗？

把悬镜擦洗得干干净净，

能明察不到瑕疵吗？

采用仁爱治国方略，

能有无为而治的效果吗？

天门的开合，

能产生阴柔之气吗？

对世俗明白通达，

能不用尽心机吗？

天地生长万物，养育万物，

自己却从不自私；

为人有所作为而不自恃，

尊为大众之长而不实行宰制

这样才可称为无量之德。

第十一章

【提示】

此章也属于辩证思维，讲述物的性能转化为功用的规律。这在我们今天，对于物质世界的这种现象已理解得深刻得多，其内涵涉及物理和化学中的各种守恒律。然而对此章的一般解读，没有应变，仍把文中"无"与"有"机械地以虚实玄妙解，不但与文义龃龉不合，而且对表达本文核心的"利""用"两词也不免错失正解。

【原文】

三十辐共一毂①，

当其无，

有车之用。

埏埴②以为器，

当其无，

有器之用。

凿户牖③以为室，

当其无，

有室之用。

故有之以为利④，

无之以为用。

【注解】

① 毂(gǔ)，辏集辐条的圆木，中心有孔穿轴。

② 埏埴(shān zhí)，和泥，埴，黄黏土。

③ 牖(yǒu)，窗。

④ 利，本义为刀具锋利，其古字为左禾右勿
用刀切割的会意组合，既有锋利义，也含
有刀之性能义。今天的"利用"一词，正
是物由性能转化为功用含义的延续。

【译文】

三十根辐条辏集于毂，

当它们安装在车上，

归于车的功用时，

它们的独立性消失了。

用黏土和泥做陶器，

当陶器制作完成，

归于器皿的功用时，

泥土的独立性消失了。
开凿门窗建造房屋，
当房屋建立，
门窗归于房屋所用时，
它们的独立性消失了。
所以，当物独立存在时
都具有各自特有的性能，
当它归于别物时，
其性能也随之
转化为应有功用。

第十二章

【提示】

本章老子以道的原理指明常人的修行要旨。从中也闪现出老子对当时奴隶主骄奢淫逸生活的厌恶和批判态度，由此可见其哲思内含的唯物主义因素。

【原文】

五色令人目盲，

五音令人耳聋，

五味令人口爽①，

驰骋畋②猎

令人心发狂，

难得之货

令人行妨③。

是以圣人

为腹不为目，

故去彼取此。

【注解】

① 爽，这处指差失，错误。《诗·卫风·氓》："女也不爽，士贰其行。"

② 畋（tián），打猎。

③ 妨，即妨害，伤害。《说文》："妨，害也。"

【译文】

五彩纷呈刺眼欲盲，

音乐交响震耳欲聋，

美食丰盛让人倒胃口，

驰骋打猎叫人心发狂，

奇货可居使人行为受损伤。

因此，秉道守德之人

善于实腹虚心，

故而要舍弃前面所说的

错误行为，

采取最后提出的主张。

第十三章

【提示】

此章的核心为阐发道家的至仁至爱思想。

【原文】

宠辱若①惊，

贵②大患若身。

何谓宠辱若惊？

宠为下。

得之若③惊，

失之若惊，

是谓宠辱若惊。

何谓贵大患若身？

吾所以有大患者，

为吾有身。

及吾无身，

吾有何患？

故贵以身为天下，

若④可寄于天下；

爱以身为天下者，

若可托天下。

【注解】

① 若，如，引申为如同，等同。

② 贵，此处作意动词，以什么为贵。

③ 若，此处当则、就解。

④ 若，此处当才能解。

【译文】

耻辱受惊宠幸也当受惊，

把大祸看得珍贵等同于珍贵自身。

为什么说耻辱受惊

宠幸也当受惊呢？

宠幸原本是卑下之爱，

得到它则受宠若惊，

失掉它则蒙耻亦惊，

这就叫耻辱受惊宠幸也当受惊。

为什么说把大祸看得珍贵等同于

珍贵自身呢？

我之所以遭受大祸，

是因为我有自身，

如我不存在，

有什么祸害能强加于我身？

所以珍惜自身要把它扩大到珍惜

天下之人，

这样才能寄身于天下；

爱怜自身要把它扩大到爱怜

天下之人，

这样才可托身于天下。

第十四章

【提示】

对道的概念的发挥。从"混而为一"一语和全篇语意推测，此章疑似后人对第二十五章的诠释。

【原文】

视之不见

名曰夷①，

听之不闻

名曰希，

抟之不得

名曰微。

此三者

不可致诘，

故混而为一。

一者，其上不皦②，

其下不昧。

绳绳 ③ 不可名，

复归于无物，

是谓无状之状、

无物之象，

是谓惚恍 ④。

迎之不见其首，

随之不见其后。

执古之道，

以御今之有，

能知古始，

是谓道纪 ⑤。

【注解】

① 夷，希，微三字，都作感觉不到的极限理解。

② 曒(jiǎo)，明亮，清晰。

③ 绳绳(mǐn)，连绵不断。《诗·周南·螽斯》："宜尔子孙，绳绳兮。"朱熹集传："绳绳，不绝貌。"

④ 惚恍，隐隐约约。

⑤ 纪，此处作纲纪、要领解。《韩非之·主道》："道者，万物之始，是非之纪也。"

【译文】

看它看不见叫作"夷"，

听它听不到叫作"希"，

触它触不及叫作"微"。

这三种情况就不要追问到底了，

因为它们是合而为一的——道。

它上面从不光亮耀目，

它下面也不阴暗模糊，

连绵不断而不可名状，

又总是回归为原始的虚无。

这叫作无形状的形状，

无实体的具象，

隐隐约约似无还有的玄妙之惚恍。

迎面不见其首，随后不见其背。

掌握开辟鸿蒙之道，

统御事物的千种万类。

能明古的开始，才是道的纲纪。

第十五章

【提示】

语言奇美生动见于此章，而以此恰好形容不可言传的得道之士的微妙玄通，又让读者进而体会到道之精微。其实质是提出了一个为道者的精神准则。

【原文】

古之善为士①者，

微妙玄通，

深不可识。

夫唯不可识，

故强为之容：

豫②兮，若冬涉川；

犹③兮，若畏四邻；

俨兮，其若客；

涣兮，若冰之将释；

敦兮，其若朴 ④；

旷兮，其若谷；

浑兮，其若浊。

孰能浊以止，静之徐清？

孰能安以久，动之徐生？

保此道者不欲盈，

夫唯不盈，

故能蔽 ⑤ 而新成。

【注解】

① 士，老子推想出古时已悟"道"的人。

② 豫，一种多疑不决的动物。

③ 犹，一种多虑不安的动物。

④ 朴，此处为本义，木之素材。

⑤ 蔽，与敝通用。唐碑本作"敝"或"弊"。

【译文】

古时已有悟道的人，

精微、幽远，而且通达，

道术深湛难以直接说明。

正因为难以表述，

所以只好勉强比喻把他形容：

他行事极其谨慎啊，

仿佛是小心翼翼走过冰川；

他瞻前顾后思虑悠悠啊，

有如居安思危提防着四邻侵犯；

他郑重严肃彬彬有礼啊，

好像总在做客置身于主人面前；

他溶溶澹澹心无芥蒂啊，

就像那春暖的冰河消融涣然；

他敦厚老实不说巧语啊，

好比那尚未雕凿的木头色素质坚；

他心胸宽广坦荡无际啊，

犹如峰峦拥抱的虚谷巨川；

他善将实有藏于虚无啊，

和光同尘踪迹从不出现。

谁能把浊流停止下来

慢慢让它澄清？

谁能把静止的东西活动起来

慢慢变得生动？

保持这个清浊、动静之道的人

从不自满，正因为不自满，

所以他能不断由陈旧转化出新生。

第十六章

【提示】

进而揭示道之真义。以"虚""静"两条并行
线探求万物"有"复归"无"的过程。

【原文】

致虚极,

守静笃①,

万物并作,

吾以观其复。

夫物芸芸,

各复归其根。

归根曰静,

是谓复命②。

复命曰常③,

知常曰明,

不知常,

妄作，

凶。

知常容，

容乃公，

公乃全 ④，

全乃天，

天乃道，

道乃久，

没身不殆。

【注解】

① 笃，笃定，专一。

② 命，指物之本性。

③ 常，恒久不变。《易象·下传》："未变常也。"虞注："恒也。"

④ 王，指天下所归往。

【译文】

致虚无到极点，守清静到笃定。

万物正一起发生，

我以静、虚的法则观察它们循环

往复的情形：

唔，万物繁富纷纭，

最后又都回归于各自的根。

归根时一片寂静，

因为归根就是复归它们的本性。

这个过程恒久不变，

知晓它才称得上天道深明。

不晓它，

轻举妄动，必然逢凶。

知道这恒久不变的规律，

才会有包容，

有包容，才会有大公，

有大公，才会有天下归往，

有天下归往，才会出现全盛，

全盛符合自然而然，

自然而然就是道，道也是

恒久存在的，

为道者终身不陷困境。

第十七章

【提示】

这是较集中体现老子历史观的章节。他把社会管理形式分为四类：理想国、仁义国、法制国、暴政国。历来解读者多以此批评老子具有乌托邦思想。这种批评是相对社会现实性而言的。但不应忽略，任何事理都不是单纯地由一种因素构成，就理想而言，其超然性的确与现实性错位，然而它的产生，却又是对现实不合理性反思的结果。这样看来，老子的理想观念并非脱离现实，倒是与现实相关联的。哲学是对社会的证伪，证伪的同时是理想的探索，可以说，哲人都是理想家。

【原文】

太上①，下知有之；

其次，亲而誉之；

其次，畏之；

其下，侮之。

信不足焉，有不信焉。

悠兮其贵言。

功成事遂，

百姓皆谓我自然②。

【注解】

① 上，指与百姓相对的大人，即管理者。

② 自然，本来的样子。

【译文】

最好的管理者无为而治，

百姓都不知他的存在；

次一等的管理者施以仁义，

赢得百姓亲切赞誉；

再次一等的管理者

以严刑峻法治理，

天下百姓无不畏惧；

最次的统治者施行暴政，

百姓苦不堪言内心唾骂蔑视。

是统治者自己失掉了威信，

百姓才对他不信任。

悠闲自在，

简政少敕，

治国成功，

政务顺遂，

百姓都由衷地说：

"我们本来就是这个样子。"

第十八章

【提示】

本章文字虽短，却是一次道家与儒家的大对峙。老庄前后都旗帜鲜明反对儒家的仁义主张和礼教规制，他们认为"至仁"和"不利"，才符合大道的要求，而对礼教一套更不屑一顾，认为它有损于人的本真和自然。

【原文】

大道废，

有仁义，

智慧出，

有大伪，

六亲①不和，

有孝慈，

国家昏乱，

有忠臣。

【注解】

① 六亲，父子，兄弟，夫妇。

【译文】

> 大道废弃，
> 出现仁义。
> 慧巧智能，
> 虚伪盛行。
> 家亲不谐，
> 孝慈彰显。
> 国家动乱，
> 才有忠奸。

第十九章

【提示】

直接用"三绝""三弃"否定儒家观念，并树
立道用的"见素抱朴，少私寡欲"宗旨。

【原文】

绝圣①弃智，

民利百倍，

绝仁弃义，

民复孝慈，

绝巧弃利，

盗贼无有。

此三者

以为文不足，

故令有所属②，

见素抱朴，

少私寡欲。③

【注解】

① 圣，圣贤，指世俗崇尚的贤能之人，这里的"绝圣"与"不尚贤"思想是一致的。注意此"圣"与书中累累出现的得道之"圣人"相区别。

② 属，属于。

③ 王弼本文末还有一句"绝学不忧"，是将河上公本下章的首句移植来的。或许是觉得此句与下章文意不合，而与本章合，但此句加入本章实际意谐而文不合，既与上面"三者"不相符，也与下面所属两句不同，且"忧"不与"朴""欲"押同入韵，因而可以判断此句在本章和下章应是衍文。不取。

【译文】

不尚贤能抛弃才智，

对百姓有百利而无一害。

不讲仁义恢复本真，

自然的孝慈才会向民间归来。

不取机巧拒绝自私，

偷盗从此不在世上存在。

以上三句恐怕没有把真意说透，

所以将它归属于道义再叙：

外表单纯，
内在朴实，
不沾私利，
清心寡欲。

第二十章

【提示】

《老子》中难得的全篇完整的抒情诗章。自我入境，游目神览，层层展现出人间和自然或融或坼的迷离世界。诗风若《离骚》，语句奇伟而诡谲，情感豪放而激越，以自我与世俗的对话隐喻大道难行而必行的深意梗概。让人难以想象，修道之人竟有如此激情？不可理解。

【原文】

唯之与阿，

相去几何？

善之与恶，

相去何若？

人之所畏，

不可不畏。

荒①兮，

其未央哉！

众人熙熙②，

如享太牢，

如春登台。

我独泊③兮，

其未兆④，

如婴儿之未孩⑤；

傫傫⑥兮，

若无所归！

众人皆有余，

而我独若遗。

我愚人之心也哉！

沌沌兮！

俗人昭昭，

我独昏昏；

俗人察察，

我独闷闷。

澹⑦兮，其若海，

飂⑧兮，若无止。

众人皆有以⑨，

而我独顽似鄙。

我独异于人，

而贵食母⑩。

【注解】

① 荒，茫茫无际的样子。

② 熙熙，欢欣热闹的氛围。

③ 泊，神情淡泊。

④ 兆，预见，未兆，未显示。

⑤ 孩，同咳，婴儿笑。《说文》："咳，小儿笑声。"

⑥ 儽儽(lěi)，疲惫、颓丧的样子。

⑦ 澹(dàn)，波涛涌动。

⑧ 飂(liù)，飘。

⑨ 以，当用解，可理解为作为。

⑩ 食母，此处以婴儿吃奶比喻汲取道之精华。

【译文】

应诺与阿谀，

两者是怎样的差别？

善良和邪恶，

两者对比又该有多大反差？

别人所惧怕的，

就不能不惧怕。

茫茫无际啊，

何时才有个尽头！

众人熙熙攘攘多热闹，

仿佛是前往享受盛宴，

又好像春天登台把风景观望。

只有我独自一人淡泊如静水，

静候着人间的另一种吉祥，

因而纯真得如未绽笑容的婴孩

一样。

劳累困顿啊，

哪里是我的归处，

众人都获得很多还有剩余，

独有我不断自损已匮乏无遗。

这就是我愚人的神心所在。

混混沌沌啊，

俗人都清楚，

唯独我糊涂，

俗人都清醒，

唯独我迷糊。

洪波静涌啊，像一片大海。

大风飘摇啊，仿佛永不滞怠。

众人都以为自己有为而心满意足，

唯有我在他们眼里是顽人鄙夫。

是的，

我是与他们不同，

而且最为珍贵的是，

我汲取着

与宇宙共在的大道母亲的甘乳。

第二十一章

【提示】

此章揭示德与道的关系：道为德本，德为道形。何为本？是宇宙万物形成前的元质，用老子的话说，即"先天地生"的"有物混成"，老子称此为"道"。何为形？道质性而无形，它演化万物过程中的具化和作用表现即让人感受的"德"，用老子的话说是"道生之，德畜之"，畜为养育保护之意。文中描述道演化万物的过程甚详，真切地说明了德虽与道为同物，但德是道的显现，是对道的秉承。需要特别加说的是，本章显现的德的形象只是自然物质的形态，虽没有其他许多章节中所说的社会形态的德形象，但应理解为已把它统一抽象为物质化的形态加入其中了。以上理念对理解和判断《老子》（《道德经》）中的德之本义极为重要，凡符合此义即老子所言德，否则应是传抄者以儒学之德的掺入。

对重要篇章的逐句理解，既要看译句，又要结合注解，以便于领会贯通。

【原文】

孔德之容①，

惟道是从。

道之为物，

惟恍惟惚。

惚兮恍兮，

其中有象；

恍兮惚兮，

其中有物；

窈②兮冥兮，

其中有精③。

其精甚真，

其中有信。

自古及今，

其名不去，

以阅众甫④。

吾何以知

众甫之状哉？

以此。

【注解】

① 容，指形容，即事物形态。

② 窈，深远。《说文》："窈，深远也。"

③ 精，应理解为事物的本质。

④ 甫(fǔ)，此处当开始解。《周礼·春官·小宗伯》："卜葬兆，甫竁(cuì)，亦如之。"贾公彦疏："既得吉，始穿地为圹，故云甫竁也。"

【译文】

> 大德的形容，
> 是随着道的演化显现的。
> 道在演化万物过程中，
> 似无还有恍惚不定。
> 恍惚不定啊，
> 形象已在其中。
> 恍惚不定啊，
> 物体已在其中。
> 是那样深远啊，
> 又那样幽冥，
> 其中含有物的内在本质，
> 而本质体现物的本真，
> 才让人觉得真实可信。
> 由当今上溯至原古，

这个道始终存在，

因此才能认识万物的开始。

我凭借什么知道

万物开始的状态呢?

依据的就是道与德的关系。

第二十二章

【提示】

先陈述事物、事理内存的辩证法则，再引出道所提倡的无为而为的处世范式，枚举诸例，无不"全而归之"。

【原文】

曲①则全，

枉②则直；

洼则盈，

敝则新；

少则得，

多则惑，

是以圣人抱一③

为天下式。

不自见④，

故明；

不自是，

故彰；

不自伐⑤，

故有功；

不自矜，

故长。

夫唯不争，

故天下

莫能与之争。

古之所谓

"曲则全"者，

岂虚言哉？

诚全而归之。

【注解】

① 曲，委曲，委婉迂回。

② 枉，弯曲。

③ 抱一：抱为持守；一，象征性指代"无为而为"。以往注释多以为指代道，似非，道生一，道不是一。而且，文中守一下所举事例明显属无为而为之效，"一"指法则不言自明。

④ 见，现。

⑤ 伐，自夸耀。《易・系辞上》："劳而不伐，
功而不德，厚之至也。"

【译文】

　　　　　　"委曲则可保全"：
　　　　　　弯曲则会伸直，
　　　　　　低洼则能充满，
　　　　　　陈旧则要更新，
　　　　　　少取则便稳得，
　　　　　　贪多则易迷乱。
　　　　　　所以，要把为道者
　　　　　　专精固守不失真道，
　　　　　　作为天下人的行为规范：
　　　　　　不自我表现，
　　　　　　反而让人看得分明；
　　　　　　不自以为是，
　　　　　　反而让是非更加昭彰；
　　　　　　不自我夸耀，
　　　　　　反而能自有功劳；
　　　　　　不自我矜持，
　　　　　　反而能自显其强。
　　　　　　正因为不争，
　　　　　　天下才没有谁与他争抢。

古时所讲的

"委曲则可保全"的话，

一点也不假，

确实诸事都能对应它。

第二十三章

【提示】

此章重点是说从事道的三种人，即得道者、立德者、道德均失者的不同情况。指出：失道失德者，是由于信道不笃，并非道有不信之处。

【原文】

希言自然。

故飘风不终朝，

骤雨不终日。

孰为此者？

天地，

天地尚不能久，

而况于人乎？

故从事于道者

同于道，

德者同于德，

失者同于失。

故同于道者，

道亦得之；

同于失，

道亦失之。

信不足 ①，

焉有不信 ②。

【注解】

① 焉，语助，无实义。

② 焉有不信，焉，疑问代词。全句意思是，（道）有什么不可信的呢? 表示肯定的反问。此句通行本为"有不信焉"，而帛书甲本无此句，无法核对。关键是若用"有不信焉"，文意则变成不信道是因为道不可信，这显然是说不通的。因此以往翻译此句，又一直沿袭河上公译之为君与下因无信而不互信之意，这与整篇的表达也不相和合。所以将句尾焉移至句首，作今注释，以为应是原句原意。

【译文】

沉默寡言是符合自然的。

狂风刮不过一早晨，

暴雨下不过一整日。

谁使它们这样的?

是天地。

天地刮风下雨尚不持久，

何况人呢?

所以为道之人:

得道的就与道合为一体;

立德的就与德合为一体;

失道失德的

就与无道无德合为一体。

与道合为一体的,

道也乐意得到他;

与德合为一体的,

德也乐意得到他,

与无道无德合为一体的,

无道无德也乐意得到他。

失道失德是因为信道不笃实,

道有什么不可信的地方呢?

第二十四章

【提示】

此章与第二十二章重复者甚多，其独立性和纯
粹感很差，不能不怀疑它在文本中的真实性。
帛书甲本就无此章。

【原文】

> 企者不立，
>
> 跨者不行，
>
> 自见者不明，
>
> 自是者不彰。
>
> 自伐者无功，
>
> 自矜者不长。
>
> 其在道也，
>
> 曰余食赘行。
>
> 物①或恶之，
>
> 故有道者不处②也。

【注解】

① 物，人，众人。

② 处，居，引申为那样做。

【译文】

      抬起脚跟想站得高反而站不稳，

      两步并作一步走反而不能快行，

      自我显示反而不被看清，

      自以为是反而是非不能分明，

      自己夸耀反而无劳无功，

      自负矜持反而不能超强显能。

      以道的观念看，

      这些都是多余的食物无用的行动，

      众人见了都会厌恶它，

      所以得道者决不会出现那些情形。

第二十五章

【提示】

老子之道的推宗之章，极重要，是正确理解和评论老子哲学思想的根本依据。

由此章可确切鉴定老子是世界最早以朴素的辩证唯物主义思想解释宇宙本原、本体及运行规律的哲人。说是朴素，实际蕴含的智慧深邃至极，对于宇宙的物质性的思考，虽然不可能在公元前500多年的认识期间，就具有像今天这样更为具体明了的现代认识结论，但内涵的科学性的思辨指向确是无限的。

老子是以"道学"为称谓的我国古代哲学的创始人。道学与儒学这两大体系的学术思想，维系了中国几千年的文明。以往由于人们往往倾向于经世致用的实用观念，对道学的作用有忽视或视而不见的思想偏向。其实，人是生活在物质世界和精神世界双重天地之中的。物质世界决定着文明的来源，精神世界决定着文明的方向。在我国古代至今的社会文明中，起着引导并创建精神世界的非凡作用的，正是老庄哲学。

所谓"道"这一特殊概念，虽然老子在文中以事物规律的虚拟性（其实也具质的实有性）以玄妙的表达形式交代，但其选用词时却极其准确。道的本义是人所往所归的经由，他研判宇宙万物运动的规律认识到，这不也同样是万物所往所归的经由吗？所以确定为"道"，微妙之致。

对重点篇章文句的理解，一定要将译句和注释结合起来读，原句含义太深太丰富，求简洁的翻译往往不能容纳原句的全部含意。

【原文】

有物混成，

先天地生，

寂兮寥兮，

独立而不改，

周行而不殆，

可以为天地母。

吾不知其名，

字之曰道，

强为之名曰大。

大曰逝，

逝曰远。

远曰反。

故道大，

天大，地大，

王亦大。

域中有四大，

而王居其一焉。

人法地，

地法天，

天法道，

道法自然①。

【注解】

① 自然，意即本来的那个样子，也就是原始
本宗。

② 老子笔下的"道"都是客观自然，即宇宙
本源、本体及运行规律的代名词，不是后
世道教成立后的"道"的概念，更不是伦
理道德之"道"。这是要严格区分的。

【译文】

有一种浑然一体的物质，

在天地形成之前就已产生。

静寂啊，

寥廓无际啊，

始终保持着自己的独立性，

循环往复不停地运行，

可以把它看作是天地的根本。

我实在不知道称呼它什么好，

那就用一个"道"字代称吧，

勉强还可以叫它"大"。

大意味着就要逝去，

逝去意味着渐远，

渐远意味着复返。

所以

道大，天大，地大，人也大。

宇宙之中有四大，

我们这个人就位于四大之中。

人效法地，

地效法天，

天效法道，

道遵循的是元始本宗。

第二十六章

【提示】

讲轻率就会失本，急躁就会失控的道理。无为而为原理的延伸。

【原文】

重为轻根，

静为躁君①，

是以君子

终日行不离辎重；

虽有荣观②，

燕处③超然。

奈何④以万乘之主，

而以身轻天下？

轻则失本，

躁则失君。

【注解】

① 君，指控制，主宰。

② 荣观，荣华富贵之处。

③ 燕处，闲居。

④ 奈何，此处当为何讲，即为什么。

【译文】

> 重是轻的根基，
>
> 静是躁的主宰。
>
> 因此，秉道守德之人的
>
> 行动总是沉着冷静，
>
> 犹如行军备足辎重。
>
> 他即使身处荣华富贵之境，
>
> 也能超然物外保持清醒。
>
> 为什么万乘之国的君主
>
> 还要把自己轻于天下呢?
>
> 轻率就会失掉根基，
>
> 急躁就会丧失权力。

第二十七章

【提示】

精辟论述为道者的"袭明"智慧。充满辩证法。内含的道之至仁微妙不可言。

【原文】

善行无辙迹；

善言无瑕谪①；

善数不用筹策；

善闭，

无关楗而不可开；

善结，

无绳约而不可解。

是以

圣人常善救人，

故无弃人；

常善救物，

故无弃物，

是谓袭明②。

故善人者，

不善人之师；

不善人者，

善人之资。

不贵其师，

不爱其资，

虽智大迷。

是为要妙。

【注解】

① 瑕谪，缺点，过失。

② 袭明，暗藏的极敏锐的智慧。

【译文】

善于行动不留痕迹，

善于言谈没有失误，

善于算术不用筹码计算，

善于关闭不用门闩门也打不开，

善于捆缚不用绳索物也不会散。

所以秉道守德之人

总是善于救助人，

因而人不会被抛弃；

总是善于拯救物，

因而物不会被抛弃。

这就是暗藏的然而极为敏捷的

睿智。

所以善于博爱的人，

是不懂博爱的老师；

不懂博爱的人，

则是善于博爱的借鉴。

若不珍重这老师，

不爱惜这借鉴，

虽自以为聪慧其实是白痴。

其中的袭明之道最为精要微妙。

第二十八章

【提示】

无为而治、无为而为的详说（采用寓意的形式），总归于道用范畴。本此主旨，才容易并准确理解本章，特别是文尾的"则为官长，大制无割"意。

【原文】

知其雄，

守其雌，

为天下谿。

为天下谿，

常德不离，

复归于婴儿。

知其白，

守其黑，

为天下式。

为天下式，

常德不忒①，

复归于无极。

知其荣，

守其辱，

为天下谷。

为天下谷，

常德乃足，

复归于朴②。

朴散则为器，

圣人用之，

则为官长③，

故大制不割④。

【注解】

① 忒(tè)，差错。《诗·大雅》："昊天不忒。"《郑笺》："不差忒也。"

② 朴，原义为原木。可理解为本质。

③ 官长，本指行政部门的领导。这里比喻为统领之材。

④ 大制无割。制为裁，《说文》："制，裁也。"等同于制作。大制无割意思是非同零碎分割的巨制，包含有宏大的设计智慧和制作才能。比喻为道者无为而治非同一般的行为效果。

【译文】

深知那雄性的强健，

却信守这雌性柔弱如水，

甘愿作天下的小溪。

甘愿作天下小溪，

恒久的德性不会离去，

能回归于婴孩般的纯真无欲。

深知那白色显眼，

却信守这黑色幽邃，

甘愿作天下的范式。

甘愿做天下范式，

恒久德性就不会差失，

"有"就会返回到邈远的

"无"的位置。

深知世人皆追求的荣耀，

却安然不弃这清心的卑微，

甘愿是一道虚含的深谷。

甘愿作虚含的深谷，

恒久的德性才能保持充足，

复元那朴实无华的原木。

原木剖开可制作各种器具，

在秉道守德之人那里，

展现的是统领般的手艺，

因而巨型大器的制作

那些零碎分割与它不可相比。

第二十九章

【提示】

此章是老子无为而治思想的典型篇章。

【原文】

> 将欲取天下
> 而为之，
> 吾见其不得已。
> 天下神器①，
> 不可为也。
> 为者败之，
> 执者失之。
> 故物或行或随；
> 或嘘或吹，
> 或强或羸，
> 或挫或隳。
> 是以圣人

去甚，去奢，去泰 ②。

【注解】

① 神器，以老子道的观念可理解为自然形成
的天下万物，包括人与社会的物质形态，
及符合自然的人的行为，有神圣的意味，
因而这个神器（天下）人以"为"是不可
取得的。《说文》解释"神"："天神，引
出万物者也。"可参考。将神器释为"帝
位""玉玺"等是后来的概念，非是。

② 泰，大之极，过甚。《书・泰誓上》孔颖
达疏："顾氏以为，泰者，大之极也……"

【译文】

有人想以"为"取得天下，

我看他只会以失败而告终。

天下这个"神器"

是自然而然形成的，

人不能随意把它创造。

违背自然规律的行为

必然会失败，

不应有的掌握必然会失掉。

从天下固有的万物形态看看吧：

有的前行有的后随，

有的轻嘘有的猛吹，

有的强大有的孱羸，

有的承载有的毁隳。

因此，秉道守德之人

要远离过度、过分、过甚。

第三十章

【提示】

此章阐述违于无为而治哲思，极欲求强、逞强行为的弊端。特别提出"不以兵强天下"的老子历史观。

【原文】

以道佐人主者，

不以兵强天下。

其事好远①。

师之所处，

荆棘生焉；

大军之后，

必有凶年。

善有果②而已，

不敢以取强。

果而勿矜，

果而勿伐，

果而勿骄。

果而不得已，

果而勿强。

物壮则老，

是谓不道，

不道早已。

【注解】

① 还，此处当报应讲。

② 果，成果。

【译文】

用道辅佐国君的人，

不依仗雄兵逞强于天下。

这种穷兵黩武的事

是必然要报应的：

军队驻扎过的地方，

那里会荆棘丛生；

战争之后，

接着便有荒年跟踪。

合理地获得成功就可以了，

不敢以此进而逞强。

成功了不要矜持，

成功了不要夸耀，

成功了不要骄傲。

结果自然而来，

这就叫成功不能强求。

强求的壮大会急遽衰竭，

这是不符合道的结果，

不符合道就会过早完结。

第三十一章

【提示】

此章的中心思想与上章同。文字交错零乱，多有重复，怀疑此章的注释者很多，如王弼和任继愈都提出疑义。或许有人认为帛书甲乙本都载有同文，对此尚可释疑。殊不知《老子》亲手文本至马王堆墓帛书本已传抄二三百年了，此释疑是难以为凭的。

【原文】

夫唯兵者，

不祥之器，

物①或恶之，

故有道者不处。

君子居则贵左，

用兵则贵右。

兵者不祥之器，

非君子之器，

不得已而用之，

恬淡为上。

胜而不美，

而美之者，

是乐杀人。

夫乐杀人者，

则不可得志②

于天下矣。

吉事尚左，

凶事尚右。

偏将军居左，

上将军居右，

言以丧礼处之。

杀人之众，

以悲哀泣③之，

战胜

以丧礼处之。

【注解】

① 物，指人，众人。

② 志，意，得志即得意。

③ 泣，同莅，此处意即临朝处理政务。

【译文】

兵器这种东西是不祥之物，

人们往往见之厌恶，

因而有道之人不接近它。

君子在排位中以左为上，

带兵打仗的军人则以右为上。

兵器是不吉祥的，

不是君子所用的东西，

在不得已的情况下才用它，

恬静淡泊才为君子崇尚。

胜利不值得赞美，

赞美它的，

是喜欢杀人的人。

而杀人的人，

是不能够得意于天下的。

处理吉庆之事时以左为上，

处理凶丧之事时以右为上。

战场上副将在左，

上将在右，

这说明战争都是按照

凶丧之礼的规制处理的。

杀人众多的将士，

要以悲哀的心情临朝参祭，

战争的胜利要当作凶丧之事处理。

第三十二章

【提示】

读懂前面讲过的"道""名";"朴""制";"有""无";"强""弱"几对老子哲学范畴，此章自能一目了然（当然生读者依然如堕五里雾中，蒙蒙昧昧，不知所云）。这说明，道之玄并不玄，唯妙而已，只待你读懂。

【原文】

道常无名。

朴①虽小，

天下莫能臣也。

侯王若能守之，

万物将自宾②。

天地相合，

以降甘露，

民莫之令而自均。

始制③有名，

名亦既有，

夫亦将知止。

知止可以不殆。

譬道之在天下，

犹川谷之④于江海。

【注解】

① 朴，原义指原木，《说文》："朴，木素也。"也指质，本质，张衡《东京赋》："尚素朴。"注："质也。"

② 宾，此处以服从解。《尔雅·释诂》："宾，服也。"

③ 制，裁，《说文》："制，裁也。"等同于制作。老子以由原木（原质）制作成器具推理如我们今天认识的元素组成万物（其实我们的结论同样也是一个认识阶段）的物质世界的演化发展过程。在第二十八章曾把这种演化直接描述成原木分割制作器具。

④ 之，动词，此处解为流到。

【译文】

道永远无名可称。

物的本质虽小，

但它是万物之元，

所以天下没有谁能把它当臣子看待。

侯王如果能将它守住，

则万物就会自动以德宾服。

天地中和，普降甘露，

天下生民没有让它均匀而施，

完全是自然而为的结果。

从朴素的元质分割制造起，

万物才各有自己的名目可讲。

物有形有名了，

也要适可而止不能逞强，

明白适可而止的道理运转才能正常。

以上是比喻道演化天下，

万物从无到有再从有到无的过程，

犹如百谷之川顺流而下汇入江海一样。

第三十三章

【提示】

流传至今的名句"知人者智，自知者明"，是本章的亮点，说得太精辟了，老子辩证法为人称道的代表性例句之一。

然似觉文本不纯，句意良莠不齐。老子的无为而为的思想已定格为守雌弃雄、守弱弃强，怎来的"胜人""强行"之说？而且，"志"在老子时期只表示"意"，哪能有"强行者有志"这样的文意表达？凡此不能不疑为伪句。而且通章无韵，有失体例。

【原文】

> 知人者智，
>
> 自知者明；
>
> 胜人者有力，

自胜者强；

知足者富，

强行者有志；

不失其所①者久，

死而不亡者寿。

【注解】

① 所，文言中很特殊的具有暗代作用的虚
词，而且所代意义极广泛。此处代适宜为
好，符合老子的守中主张。

【译文】

能正确认识别人是智慧，

能正确认识自己是精明。

能战胜对方是有力，

能战胜自己是强大。

知足就是富裕，

强行必然有宏志。

不失守中的道义就能长久，

身死而精神永存可谓长寿。

第三十四章

【提示】

再次演示道的功能和虚无之性。道本是宇宙本
原、本体及运行规律的符号，以此可理解道在
万物演化中的实际意义。

【原文】

大道泛①兮，

其可左右。

万物恃之而生

而不辞，

功成不名有。

衣②养万物

而不为主，

常无欲，

可名于小；

万物归焉

而不为主，

可名为大。

是以圣人之能成大也，

以其不为大也，

故能成大。

【注解】

① 氾，泛滥。此处形容道像大水一样漫流
开来。

② 衣，保护。

【译文】

大道似大水漫流啊，

向左右扩展一片茫茫无涯。

万物依赖它生存而它从不推辞，

功业完满后它又从不占有名誉。

养护万物它不做万物的主人，

对此不求过多称誉也就罢了；

当万物都归附它时仍不做万物之主，

就不得不称它真的伟大。

由于它自始至终保持谦卑，

所以它能成为名副其实的伟大。

第三十五章

【提示】

用诗一般的形象法则再度论道。从现实的有象
和大道的无象(大象)对比，进而深解道义。

【原文】

执大象①，

天下往。

往而不害，

安平太②。

乐与饵③，

过客止。

道之出口，

淡乎其无味，

视之不足见，

听之不足闻，

用之不足既④。

【注解】

① 大象，指道，大象即无象。

② 太，同泰。

③ 饵，美食。

④ 既，完结，终了。

【译文】

> 谁掌握了道，天下的人
>
> 就会向他走来。
>
> 一齐走来互相并不妨害，
>
> 共享安宁、平和、荣泰。
>
> 悦耳的音乐爽口的美食，
>
> 过客不由得会把脚步停止。
>
> 但对于得道者来说，
>
> 他会觉得淡然无味，
>
> 因而他对此
>
> 视而不见，听而不闻，
>
> 认为这所见所闻
>
> 不过是无用的有为举止。

第三十六章

【提示】

此章需要领会的核心是老子辩证思想的深化。老子在其他章节中所讲的辩证思想只是辩证法本义，此章却加入了我们现在所称的人的主观能动性。这一加入，便使事物的两面性，物极必反的辩证规律，又多了一层人为的助然与推动，从而在不违背无为而为（自然）的前提下加速了事物的转化。

不仅如此。幽藏于此理之内的，还有事物原条件的弱化及丧失与事物提前转化的重要关系，所谓人为的助然和推动，正是让其自己失去自身存在的条件，以达到"善胜敌者不与"（第六十八章）的奇效。所以本章以"鱼不可以脱于渊，国之利器不可以示人"的警示作结。

【原文】

将欲歙之 ①,

必固 ② 张之;

将欲弱之,

必固强之;

将欲废之,

必固兴之;

将欲取 ③ 之,

必固予 ④ 之。

是谓微明 ⑤。

柔弱胜刚强。

鱼不可脱于渊,

国之利器

不可以示人。

【注解】

① 歙之。歙(xī),闭合。使动词(下
"张""弱""强""废""兴""夺""与"
同)。之,代事物(下同)。歙之,使(让)
它闭合。

② 固,作姑且解。《淮南子・人间训》:"固
试往复问之。"固当姑解。

③ 夺,丧失,失去。《说文》释夺:"手持佳,
失去也。"

④ 与，党与，同盟者，此处有扩充势力之
意。

⑤ 微明，微妙的思维。

【译文】

要想让它闭合，

最好的办法是姑且让它张开。

要想让它削弱，

最好的办法是姑且让它增强。

要想让它废掉，

最好的办法是姑且让它兴起。

要想让它丧失，

最好的办法是姑且让它扩张。

这可以说是微妙的思维：

柔能克刚，弱能胜强。

鱼千万不能离开故渊，

国家的利器一定要妥善保藏。

第三十七章

【提示】

仍讲无为而为。强调道在无为而治中以无名之朴控制私欲的作用。

于理解老子无为的含义极为有益的是，此章首句一语道破：道常无为而无不为。

【原文】

> 道常无为。
>
> 而无不为。
>
> 侯王若能守之，
>
> 万物将自化。
>
> 化而欲作，
>
> 吾①将镇②之
>
> 以无名之朴③。
>
> 无名之朴，

夫亦将不欲。

不欲以静，

天下将自定。

【注解】

① 吾，代道。

② 镇，压制之意，亦即控制。《说文解
字》："镇，博压也。"

③ 朴，此处以道生一的那个无名无形的纯朴
的元质理解。

【译文】

道永远是

无为而无不为。

侯王如果能坚守这一道义，

万物就会自然变化。

若在变化中有私欲发生，

道会用那无名的

元质时的淳朴控制它。

用这样的控制，

私欲就不会产生。

无私欲而守清静，

天下自然会安定。

第三十八章

【提示】

此为将《老子》另名为《道德经》后其中《德经》之首章。

不知何时且为何要称之为《道德经》，并加其一分为二，特意彰显"德"义。是儒家道德观念盛行的缘故吗？

此章内容芜杂，蕴含多歧。《老子》卷首"道可道，非常道"，语虽奇，却玄妙之致。此章开首亦拟之奇语"大德不德，是以有德"，暗以"得"代德，则是近乎文字游戏。况且老子道义与儒家观念是对立的，"绝仁弃义"而主张"至仁""无利"，对"礼"更是排斥无遗，怎么又将道、德、仁、义、礼，一起等次排起队来？老子道学中的道与德，与儒学的道德绝不可混淆，正确理解老子的"德"的内涵，是研习道学的第二重要课题。再三提醒。

姑且注释之。

【原文】

上德不德①,

是以有德;

下德不失德②,

是以无德。

上德无为

而无以为,

下德为之

而有以为,

上仁为之

而无以为,

上义为之

而有以为,

上礼为之

而莫之应,

则攘臂而扔之③。

故失道而后德,

失德而后仁,

失仁而后义,

失义而后礼。

夫礼者,

忠信之薄

而乱之首。

前识者，

道之华

而愚之始。

是以大丈夫

处其厚，

不居其薄，

处其实，

不居其华。

故去彼取此。

【注解】

① 德，此句两处德后者以"得"解。

② 德，此句两处德后者以"得"解。

③ 攘臂而扔之。攘臂，挊袖欲挥臂的样子，
  扔，本义是推，引申为推让，又进而出现
  牵引义，但方向亦是向外。全句的意思是
  挊袖欲挥臂，推开人家远离他。

【译文】

守德的人拒绝所得，

因而他有德。

不守德的人有得便得，

因而他无德。

守德的人自然无为而并不在意

这种行为，

不守德的人刻意无为则要表露

这种行为。

讲仁的人爱人并不在意

这种行为，

讲义的人利人则要表露

这种行为。

讲礼的人他的说教

得不到别人反应，

则捋袖挥臂

想推开别人离他远去。

所以

道在演化中才出现了德，

没有德的情况下才有了仁，

没有仁的情况下才有了义，

没有义的情况下才有礼。

可见

礼这种东西，是忠信薄弱的结果，

是社会离乱的祸首。

那些所谓有见识的人，

只得其道之虚表就自以为是，

实际上他们是让人愚昧的

始作俑者。

因此大丈夫立身于厚朴不居于浅薄，

存心于笃实而不耽于虚华。

所以学道要舍弃后者拾取前者。

第三十九章

【提示】

讲述得"一"之德。"一"是道演化之始；进而演化便有阴阳；继而天地人；继而万物（可参考第四十二章）。因而天、地、人、万物都得"一"而形成。此内容已归道用范畴，当然是德。

文中恐有后人注释掺入。

【原文】

昔之得一者：

天得一以清，

地得一以宁，

神得一以灵，

谷得一以盈，

万物得一以生，

侯王得一以为

天下正 ①，

其至也，谓：

天毋已清

将恐裂，

地毋已宁

将恐发 ②；

神毋已灵

将恐歇，

谷毋已盈

将恐竭，

侯王毋已

贵以高将恐蹶。

故必贵而以贱为本，

必高矣而以下为基。

夫是以侯王自谓

孤、寡、不穀。

此其贱之本与，

非也？

故致数与无与。

是故

不欲琭琭 ③ 如玉，

珞珞 ④ 如石。

【注解】

① 正,首领,官长。《吕氏春秋·君守》:"天
之大静,既静又宁,可以为天下正。"

② 发,发生,此处意为地将发生地动。

③ 琭琭(lù),珍贵稀缺。

④ 珞珞(luò),坚硬。

【译文】

当初得一的有以下种种:

天得一因此而清明,

地得一因此而安宁,

神得一因此而显灵,

谷得一因此而充盈,

万物得一因此而滋生,

侯王得一因此成为万众的首领,

这些都是由得一而化成。

天不清明恐怕就要分崩,

地不安宁恐怕要有灾害发生,

神不显灵恐怕不再有膜拜,

谷不充盈恐怕将要干涸无穷,

万物不滋生恐怕就会消亡,

侯王不作首领哪有高贵的尊荣。

所以尊贵以卑贱为根本,

高上以低下为基础。

因而，侯王自称为孤、寡、不穀。

这不是尊贵以卑贱为根本吗？

不是吗？是的！

所以荣誉过多就没有荣誉。

所以不必羡慕珍贵的美玉，

只求朴素无华的坚石。

第四十章

【提示】

此章难懂。文短而意深。难就难在对道之玄妙的一种具体描述，即道在其周而复始演化过程中处于不同时空的形容。

【原文】

反①者道之动，

弱②者道之用③。

天下万物

生于有④，

有生于无⑤。

【注解】

① 反，当返回解，老子道义中万物在道的演化过程中后半程的反归。我们可以用今天认识到的事物变化的反复无穷的轨迹——

发生—发展—衰老—死亡，来对照理解。

② 弱，指正向过程的柔和、悠缓状态。

③ 用，指道演化万物，由无形元质化为有形
物质及物体的作用，由此称为道义中的道
用。这种作用的外化即德。

④ 有，指有形的物质本体。

⑤ 无，指无形的元质本体。

【译文】

> 道返归时何其迅捷，
>
> 姑且用"飞动"来表示；
>
> 而正向施展它的作用时，
>
> 则又表现得那样
>
> 柔和而悠缓——
>
> 从中可知，
>
> 天下的万物
>
> 生于有形的物质本体，
>
> 有形的物质本体
>
> 则来自于无形的元质本体。

第四十一章

【提示】

此章文句真伪难辨。而且《老子》原是韵文，以此衡量此类文句也让人怀疑。文中的"大器晚成，大音希声，大象无形"等此类文字作为原作是令人信服的。"建言"下的前6句，先三一个韵，后三一个韵（入韵），也差堪辨真，其余很难判断了。

姑且注释。

【原文】

上士①闻道，

勤而行之；

中士闻道，

若存若亡；

下士闻道，

大笑之。

不笑

不足以闻道。

故建言有之：

明道若昧；

进道若退；

夷道若纇②；

上德若谷，

大白若辱，

广德若不足，

建德若偷，

质真若渝③；

大方无隅；

大器晚成；

大音希④声；

大象无形。

道隐无名。

夫唯道，善

始⑤且善成。

【注解】

① 士，我国古代的士有多种解释，如士兵、
士大夫等读书人，成年男子，有技能的人
等。将士分为上士、中士、下士，这出现

在具有社会等级的人的称谓中，《礼·王
制》："天子之元士，诸侯之上士、中士、
下士。"可参考。

② 颣(lěi)，原意为丝之结节，《说文》：
"颣，丝节也。"引申为疵，又引申为不平。

③ 渝，同窬，空虚。

④ 希，稀的本字。

⑤ 贷，施予。《说文》："贷，施也。"

【译文】

上士听了道，

以虔诚的心尽情竭力去实行它。

中士听了道，

半信半疑不知如何是好。

下士听了道，

却发出一声失笑，

好像这一笑才算是识破了道。

一组古语说得周到：

——圣明的道仿佛神秘幽昧，

上进的道修行艰难时仿佛在后退，

大道平坦而且笔直，

但难免像长丝中间出现结颣。

——上德不得虚怀若谷，

见白守黑视白如辱，

德广无限总不满足。

——承道立德是无视无闻的

自然过程，

元质纯真得让人感觉好似虚空，

空廓的大地没有角角落落的踪影。

——最大的器物总是在最后制成，

和谐动听的音乐掩盖了

各声部单调的奏鸣，

最大的幻象就是大道，

因而它无影无形。

道是潜形而无名的。

只有道既善于施舍又善于自成。

第四十二章

【提示】

三部分内容构成一章，开始是宇宙以自然规律演化的过程，也就是道由一逐次生出万物的过程。第二部分讲损益的对立统一，互相转化。第三部分道把损益的自然法则举实例传授于世人。初看三部分不相联属，其实内在的逻辑思维是统一的，贯串三部分的线索是"自然"。

【原文】

道生一①，

一生二②，

二生三③，

三生万物。

万物负阴而抱阳，

气冲以为和④。

人之所恶，

唯孤、寡、不谷，

而王公以为称。

故物

或损之而益，

或益之而损。

人之所教，

亦我而教人。

强梁者不得其死——

吾将以为教父⑤。

【注解】

① 道生一。老子哲学中，道即"先天地生"
的混合物质，即万物之本源，亦属质性，
但无形无名。一是造物之始。也可借用
《易》学概念称太极。

② 二，阴阳气。亦即《易》学的两仪。一与
二是元质变化(无形)的两阶段。

③ 三，据《准南子·天文训》"阴阳合和而
万物生"，普遍的一种解释为阴阳相交生
成的适匀状态与阴、阳合为三。但是，中
和只是阴阳交合的效果和过程，不能与阴
阳并列，此解不确；另一种解释是依《老
子》第二十五章"域中有四大"，除道母
外即天、地、人，合为"三才"，此外老

子也有天地是万物之母说，所以认为三指
天、地、人。可取后者。就此特别说明的
是人既属万物，又是一个特殊世界的创造
者，所以人在演化过程中具有双重性。

④ 和，指阴阳二气冲突交融后的中和之效。

⑤ 教父，指以遵循自然规律作为教导法则的
开始。

【译文】

道化生太极，

太极化生阴阳二气，

阴阳二气化生天地人三才，

天地人化生后万物才具备。

万物背阴而向阳，

阴阳冲突交融成中和匀质。

孤、寡、不穀这些不吉利字眼，

人们见了就会生厌，

而王公们却用它们来称呼自己。

所以

事物有时减损反而得到增益，

有时想得益反而受到损失。

人们为此互相教导，

我亦为此教导当世。

但没有说教，只让人们领悟

"强暴横行的人不会好死"的事例，
相信用这样自然而然法则的
教导将由此开始。

第四十三章

【提示】

集中论无为之奇效。

"不言之教"与第二章"行不言之教"重。

【原文】

天下之至柔①,

驰骋天下之至坚。

无有入于无间,

吾是以知

无为之有益。

不言之教,

无为之益,

天下希及之。

【注解】

① 至柔,暗指道。

【译文】

天下最柔弱之物，

能穿行在天下最坚硬的东西里。

看不见的物质

能进入无空隙的物体。

我因此认识到无为的有益。

不言之教导，无为之益处，

天下没有什么能与它们相比。

第四十四章

【提示】

论知足、守中之道，属无为。

【原文】

名与身孰亲？

身与货孰多？

得与亡孰病①？

甚爱必大费；

厚藏必多亡。

故知足不辱，

知止不殆②，

可以长久。

【注解】

① 病，当害、弊解。

② 殆，危。《说文》："殆，危也。"引申为

困境，困乏。

【译文】

名誉与自身哪一个更应爱惜？

自身与财货哪一个更为珍贵？

贪得与舍弃哪个有利哪个有弊？

过多的追求必然要大费精力，

大量收藏必然会遭受惨重的损失。

所以，知足常乐不会蒙受耻辱，

适可而止不会出现困乏，

无为而为才能长久保持。

第四十五章

【提示】

典型的辩证思维章节。文中"大巧若拙""大辩若讷"等言已成为流传至今的辩证成语。

【原文】

大成若缺，

其用不弊①。

大盈若冲②，

其用不穷。

大直若屈，

大巧若拙，

大辩若讷。

躁③胜寒，

静胜热。

清静为天下正。

【注解】

① 弊，此处当败坏解，有完结意。

② 冲，道学概念，冲虚。

③ 躁，原意为疾，即急，此处为动，《礼记·月令》："处必掩身毋躁。"注："躁，动也。"

【译文】

　　看似欠缺其实是最好的圆满，
　　因为它的作用永不完结。
　　看似冲虚其实是最好的充盈，
　　因为它的作用永施不竭。

　　看似屈曲其实是最好的伸直，
　　看似笨拙其实是最好的灵巧，
　　看似木讷其实是最好的辩说。
　　运动能战胜寒冷，
　　静处能战胜烦热，
　　清静无为才能做天下的首领。

第四十六章

【提示】

举例进而阐述反对战争的思想。可贵的是，指出了战患的根源是永不满足的利益追求。

开头四句艰涩难懂，或传抄时有误写误补。历来注释混乱，莫衷一是，需深辨。

【原文】

天下有道，

却走马以粪①。

天下无道，

戎马生于郊②。

罪莫厚于甚欲，

咎莫憯于

欲得，祸莫大于不知足。

故知足之足，

常足矣。

【注解】

① 却走马以粪。却，退还。粪，作动词，给田施肥。《礼记·月令》："可以粪田畴。"可参阅。

② 郊，邑之外为郊。周时郊之外则称野。周天子对郊和野的行政兼军事的划分规制为，郊分六乡，野分六遂。大诸侯国相应要小，只有三乡三遂。知此可正确理解"戎马生于郊"的本意。以往注释，见戎马生，就想到怀胎的母马上了战场，似觉过分解读。既然母马上战场，那么生于郊的"郊"就该以战场解，但如此解释，读者会生疑：作为行政区划的乡一定是战场吗？有何依据？牵强。此句意顺而合理的解读，应是全句由后往前读：生于乡的马都用于战争了。也就是说本该用于耕种的马都变成戎马了。

【译文】

> 以道治理天下，
> 就会退还战马粪田耕稼。
> 不以道治理天下，
> 却把用于耕作的马
> 变成了战马。

最大的灾祸是不知满足，

最大的罪过是无厌贪得。

所以知足的那个足，

才是永远能保持的满足。

第四十七章

【提示】

此章的寓意是道用的妙用，即用根本规律可推导现实事件的因果关系。以前多有人以此章语句的面意批评老子是唯心主义或客观唯心主义，其实是对玄妙而深刻的道义不甚理解。

事物的出现，事物的存在和发展，现在我们都已认识到那都是有规律的。甚至对于以灭亡的形式实现新旧物质的转化，以及转化过程中不同能的转换，都已成为共知的常识。由此反观老子朴素而睿智的哲理，难道其中的内涵不也与今日认识的内涵暗中相通吗？老子之道既强调无，又指出它原本是通过演化形成万物的元质，这与今天尚在争论的质能互相转化不也妙然相通吗？

【原文】

> 不出户，
>
> 以知天下；
>
> 不窥于牖①，
>
> 以知天道。
>
> 其出弥远者，
>
> 其知弥鲜。
>
> 是以圣人
>
> 不行而知，
>
> 不见而明，
>
> 弗为而成。

【注解】

① 牖（yǒu），窗户。

【译文】

> 深解道义的人不出门，
>
> 也能推导天下事理。
>
> 深解道义的人不凭窗而窥，
>
> 也了然天体运行的规律。
>
> 不懂道义的人出行越远，
>
> 他知道得越少。
>
> 所以秉道守德之人不外行
>
> 却事理通达，
>
> 不眼觑却事体分明，
>
> 无为而为却获得成功。

第四十八章

【提示】

详解无为之章。分三层，先讲无为的先决条件是"绝学"，再讲无为的本质是以道意而为，最后讲无为最大最集中的作用是无为而治。

无为为老子中心理念之一，研习者以本章为基本概论，把其他各章有关无为的论述作为无为理念的具化和扩充，就会深入了解无为。

【原文】

为学日益①，

为道日损。

损之又损，

以至于无为。

无为而无不为。

取天下

> 常以无事，
>
> 及其有事，
>
> 不足以取天下。

【注解】

① 为学日益。学，指读道学以外的各家学
　说。日益，这方面的知识日渐增多。下句
　的损是指这方面的知识和影响减少。

【译文】

> 做世俗学问的人经世治事的
>
> 知识日渐增多，
>
> 修炼大道的人经世治事的
>
> 思想日渐减少。
>
> 减少再减少，
>
> 直到精缩为清静无为。
>
> 无为看似无所作为，
>
> 其实在求真的世界里无不有为。
>
> 掌握天下只能用无为之道，
>
> 用繁政苛刑治理天下
>
> 肯定掌握不牢。

第四十九章

【提示】

此章芜杂不纯，当慎读慎思。而且传教的味道
很浓，与老子著述以哲学思想自然悟人相悖。

【原文】

> 圣人恒无心，
> 以百姓之心为心。
> 善者善之；
> 不善者亦善之；
> 德①善也。
> 信者信之，
> 不信者亦信之，
> 德信也。
> 圣人之在天下，
> 歙歙②焉为天下
> 浑③其心，

> 百姓皆注④ 其耳目焉，
> 圣人皆咳⑤ 之。

【注解】

① 德，当得解。

② 歙歙，心惧，引申为小心谨慎。

③ 浑，大。

④ 注，使动词，让什么去关注。

⑤ 孩，使动词，孩之，使成人像婴孩那样纯
真无邪。

【译文】

> 秉道守德之人无固定的心，
> 他以百姓的心为自己的心。
> 对善的我以善对待，
> 对不善的我也以善对待，
> 这样就得到了善。
> 对诚信的我以诚信对待，
> 对不诚信的我也以诚信对待，
> 这样就得到了诚信。
> 秉道守德之人君临天下，
> 他会以博大的胸怀
> 小心翼翼地面对人民，
> 民众则一齐将耳目关注于他，
> 他会使他们
> 变得像婴孩那样素朴纯真。

第五十章

【提示】

老子的自然生死观。须以道的万物由无（元质）产生—至自身存在—再至死亡复归无的演化过程理解文中意。

【原文】

出生入死。

生之徒①，十有三；

死之徒，十有三；

而民生生，

动皆之于②死地，

亦十有三。

夫何故也？

以其生生也。

盖闻善摄生者，

陆行不遇兕虎，

入军不被甲兵；

兕无所投其角，

虎无所用其爪，

兵无所容其刃。

夫何故？

以其无死地焉。

【注解】

① 徒，步行，《说文》："徒，步行也。"这
里引申为过程，阶段。

② 之，动词，至，到之意。

【译文】

人的生命总是由出生再到死亡。

出生的阶段

占整个演化过程的十分之三，

死亡的阶段

占整个演化过程的十分之三，

人的生命，

由生到死之间的生动阶段，

又另占整个演化过程的十分之三。

这是什么原因呢?

因为人具有两个"生"的优厚条件。

听说善于保护生命的人，

陆地上行路不会遇到兕牛和老虎，

战场上作战不会被武器伤身。

他身上没有兕牛投角的地方，

没有老虎置爪的地方，

没有武器容刃的地方。

这是什么原因呢？

因为他还没有演化到死亡。

第五十一章

【提示】

此章明显掺杂后人注释甚多，而且许多语句与第十章重复。

然而，其中"道生之，德畜之"一句，在《老子》本著中是极重要的关键语。它明确指出万物的根源是指代宇宙元质的道，德则是遵循道义养育万物的顺承者。明了于此，才能正确理解道与德的关系，道体与道用的辩证统一，以及道学中的"德"与儒学及别的学派的"德"的不同含义。

【原文】

道生之，

德畜之，

物形之，

器成之。

是以万物莫不

尊道而贵德。

道之尊，

德之贵，

夫莫之爵

而常自然。

故道生之，

德畜之；

长之育之，

亭之毒之①，

养之覆之。

生而不有，

为而不恃，

长而不宰。

是谓玄德。

【注解】

① 亭之毒之，亭，当正当讲，毒，当厚讲，
亭之毒之即宽厚之意。《说文解字注》："易
曰：圣人以此毒天下而民从之。列子曰：亭
之毒之。皆为厚民也。"可参考。

【译文】

道化生万物，德养育万物，

物体让它们有形，

情势让它们长成。

因此万物

没有不尊崇道而珍视德的。

道之所以受尊崇，

德之所以被珍视，

就是因为万物的发生和发展

没有谁命令它们，

都是自然而然的过程。

所以

道化生万物，德养育万物，

使它们生长发育，

而且

厚爱它们、培养它们、保护它们。

生化却从不占有，

有所作为又从不自恃，

作为大众之长而不行宰制——

这样才可称得上无量之德。

第五十二章

【提示】

此章讲无为，但几乎是无为的无为，而老子的
无为实质是有所为，无为无不为，只不过是与
急功近利，甚至世俗的一切行为相反，其本义
是积极的，如老子持而保之的"三宝"慈、
俭、不敢为天下先，"慈，故能勇""俭，故
能广""不敢为天下先，故能成器长"，此类
无为乃老子真无为。读者对此须明辨。必须反
复强调说明：后人将《老子》一分为二的所谓
《德经》中，或因不甚理解道义，或因观念有
异，不少章节中会频频出现与老子思想相龃
龉、互抵触的语句。

【原文】

天下有始，

以为天下母。

　　既得其母，

　　以知其子；

　　既知其子，

　　复守其母，

　　没身不殆。

　　塞其兑①，

　　闭其门，

　　终身不勤②；

　　开其兑，

　　济其事，

　　终身不救。

　　见小曰明，

　　守柔曰强。

　　用其光，

　　复归其明，

　　无遗身殃；

　　是为袭常。

【注解】

① 兑，原意是交换，此处可理解为人际交流。

② 勤，此处当尽、竭解。

【译文】

　　天下万物都有根本，

把她作为天下的母亲。

既然明确了母亲，

就知道自己是她的儿子。

既知道是她的儿子，

就要常守自己的母亲，

终身都不会离分。

杜绝交流，

紧闭门户，

坚守根本，

终身都不会有丝毫动摇。

开通交流，

参与俗事，

忘记根本，

终身走入迷途不可救药。

知微叫做聪明，

守柔叫做强盛。

用道之光不断照亮心境，

一生不会遭受灾祸，

这就是因顺了道的常性。

第五十三章

【提示】

内容为不行大道的表现。

两处注释须说明：

一是"唯施先畏"中的施。以往只简单解释为邪径，并未通识施义的演变，其实此施仍为动词，指延续中的变易，相当于现代俗语的"走了样"；

二是"盗夸"的"夸"，有注者认为应改为"竽"，因竽是古代合奏中的主导乐器，可以把盗竽解释为盗首。其实，夸有高耸义，盗夸同样可表达大盗之意，且音为qu，在段中押同韵。

【原文】

使我介然①
有知，
行于大道，
唯施②是畏。
大道甚夷，
而人好径。
朝甚除③，
田甚芜，
仓甚虚；
服文采，
带利剑，
厌饮食，
财货有余；
是谓盗夸④。
非道也哉！

【注解】

① 介然，坚定执着的样子。《荀子·修身》："善在身，介然必以自好也。"可参考。

② 施(yí)，此处取改变义，即延续中改变、转移。《诗·大雅》："施于孙子。"《笺》："施，犹易也，延也。"可参考。

③ 除，宫殿的台阶，《汉书·王莽传下》：
"群臣扶掖莽，自前殿南下椒除。"可参考。

④ 夸(qù)，此处当高耸讲。左思《吴都赋》："横塘查下，邑屋隆夸。长干延属，飞甍舛互。"《集韵》："夸，区遇切，音姁，巍也。"可参考。

【译文】

假使我执着地明确了认知，
我就会踏上大道走去，
谨防半途不慎变易。
这大道多平坦，
人们却好走小路。
你看王宫修建得多豪华，
田野里却一片荒芜，
粮仓里都荡然无粟，
而上层人物穿着文采的衣服，
佩戴锋利的宝剑，
对精美的饮食望而生厌，
而他们的财富总是年年有余，
这与大盗有何差异！
这是不符合道义的啊！

第五十四章

【提示】

似脱胎于儒家"修身齐家治国平天下"的修养
体例，且文中多不押韵，疑非原文。

【原文】

善建者不拔①，

善抱者不脱②，

子孙以

祭祀不辍。

修之身，

其德乃真；

修之家，

其德乃余；

修之乡，

其德乃长；

修之邦，

其德乃丰；

修之天下，

其德乃普。

故以身观身，

以家观家，

以乡观乡，

以邦观邦，

以天下观天下。

吾何以知

天下然哉？

以此。

【注释】

① 建，建树，树立。拔，此处当动摇、改变
讲。句意是树立的牢固就不会轻易改变。

② 抱，保持。脱，脱离，失掉。句意是保持
得好就不会失掉。

【译文】

树立得牢就不会轻易改变，

保持得好就能够延续无限，

子孙以此修行

世世代代祭祀不断。

以道修身，

那德才是真实的。

以道管理家，

那德才是充足的。

以道管理乡，

那德才是长久的。

以道治理国家，

那德才是丰盈的。

以道掌管天下，

那德才是普遍的。

所以要从个人的表现

反观自己的德性状况，

要从家庭的风气

反观家庭的德性状况，

要从乡里的风气

反观乡里的德性状况，

要从国家的治乱

反观国家的德性状况，

要从天下的安危

反观天下的德性状况。

我根据什么

知道天下是这样或那样呢？

所依据的就是这个德性状况。

第五十五章

【提示】

通篇述得道之人的素质之变。

【原文】

含德之厚，

比于赤子。

蜂虿虺蛇不螫，

攫鸟①猛兽，

不搏。

骨弱筋柔

而握固。

未知牝牡之合

而朘作，

精之至也。

终日号而不嗄②，

和之至也。

和曰常，

知常曰明。

益生曰祥③。

心使气曰强④。

物壮则老，

谓之不道，

不道早已。

【注解】

① 攫鸟，凶猛一类的鸟。

② 嗄（shà），嗓音嘶哑。

③ 祥，本义为吉祥。又引申为预兆，有吉祥，凶祥，善祥，恶祥之称。王充《论衡·异虚》："善祥出，国必兴，恶祥出，朝必亡。"

④ 强，当逞强解。

【译文】

德性醇厚的人，

就像无求无欲的赤子一样。

毒虫不螫他，

猛兽不捉他，

凶鸟不击他。

筋骨柔弱却结合得牢固，

未知阴阳交合

却已完全成熟，

这是精气充沛的缘故。

终日啼哭但嗓音从不嘶哑，

这说明中和状态

已达到最佳。

知道中和

才可以说懂得规律，

懂得规律

才可以说明了道义。

而取乐贪生的预兆是恶祥，

欲念使气只能叫作逞强。

追求壮大很快便会衰老，

违背自然不合乎道义，

不合道义就会过早死亡。

第五十六章

【提示】

此章是讲中和的重要篇章，和光同尘已流传为极有个性的成语。但"塞其兑，闭其门"两句与第五十二章重，且与中和不谐，"挫其锐，解其纷，和其光，同其尘"则与第四章重。

六句三对"不可得而x"，"而"表示前后行为是连动，"得"是第一行为，而后的"x"是顺接的第二行为，每对都是两极，否定两个极端而取中和。

【原文】

知者不言，
言者不知。
塞其兑，
闭其门，

挫其锐，

解其纷，

和其光，

同其尘，

是谓玄同①。

故

不可得而亲，

不可得而疏；

不可得而利，

亦不可得而害；

不可得而贵，

亦不可得而贱。

故为天下贵。

【注解】

① 玄同，玄妙幽深的中和。

【译文】

智慧的人从不随便言论，

信口而言的人并不聪明。

杜绝交流，关闭门户，

钝挫锐利，解脱纠纷，

参合到光中不露锋芒，

混入到尘氛遁迹其身，

这就叫作中和幽妙的玄同。

所以得到的

不存在与它亲近或疏远，

不存在和它有利害关系，

不存在视它显贵或卑微。

因此能被天下尊贵。

第五十七章

【提示】

无为而治的典型篇章。

通行本在"吾何以知其然哉"之后有"以此"二字并断句，语意不通。而下句"天下多忌讳而民弥贫"句的注释以往多含混不清。今一并处理并厘清。

【原文】

> 以正治国，
>
> 以奇用兵，
>
> 以无事取天下。
>
> 吾何以知其然哉？①
>
> 天下多忌讳，
>
> 而民弥叛②；
>
> 民多利器，

国家滋③昏；

人多知④而

奇物滋起；

法令滋彰，

盗贼多有。

故圣人云：

我无为，而民自化而

我好静，而民自正而

我无事，而民自富而

我无欲，而民自朴。

【注解】

① 通行本在此处有"以此"二字，并断句。
不通。故删"以此"，直连下句为知其然
的根据，可通。

② 天下多忌讳而民弥贫。天下指统治者，即
得天下者，忌讳原指先王的忌日与名讳，
《周礼·春官·小史》："若有事，诏王
之忌讳。"郑玄引郑司农曰："先王死日为
忌，名为讳。"后引申为顾忌。但古代资
料忌讳一词多与天子、君王的行为相连。
因而此句的意思应是统治者因忌讳而繁令
多事使民越来越贫困。

③ 滋，更加，《说文》："滋，益也。"另有

滋生义。

④ 伎，当技解，即技巧。

【译文】

> 治理国家用正规的政术，
>
> 作战时诡计应变兵不厌诈，
>
> 用亲民无事的方法取得天下。
>
> 我凭什么知道
>
> 是这样呢？
>
> 统治者因忌讳而繁政多事，
>
> 百姓就会愈来愈变得贫乏。
>
> 民间的武器越多，
>
> 国家就会滋生混乱。
>
> 人们的技能越巧，
>
> 不正常的事物就会随之出现。
>
> 法令愈加严明，
>
> 盗贼的出没反而不断。
>
> 所以秉道守德之人有言：
>
> 我无为民心自会顺化，
>
> 我好静民心自会纯正。
>
> 我无事百姓自会富足，
>
> 我无欲百姓自会朴素。

第五十八章

【提示】

中心是关于事物发展过程中正反相依的辩证思想。它与物极必反是同理，但观察的视角不同。你中有我，我中有你，是必然的预测，而事物的转化则是结果的后现。这是老子辩证法的闪亮之点。

【原文】

其政闷闷①，

其民淳淳；

其政察察②，

其民缺缺③。

祸兮，

福之所倚，

福兮，

祸之所伏。

孰知其极？

其无正也。

正复为奇，

善复为妖。

人之迷，

其日固久。

是以圣人

方而不割④，

廉而不刿⑤，

直而不肆，

光而不燿⑥。

【注解】

① 闷闷，不理会的样子，此处指治理宽松。

② 察察，明察不遗的样子，此处指治理严明。

③ 缺缺，指虚伪狡诈。

④ 割，本义是切割、割断，引申为割舍、割弃。

⑤ 廉而不刿。廉，原义是物的侧边。《仪礼·乡饮礼》："设席于堂廉东上。"郑玄注："侧边曰廉。"引申为棱、棱角。刿（guì），割伤、伤害。全句意为有棱角但不伤害别的。

⑥ 燿，《说文》：照也；《玉篇》：光也。即闪耀、闪光之意。

【译文】

政治宽松，

百姓反而民风淳化。

政治严苛，

百姓变得虚伪狡诈。

灾祸啊，

福祉就倚傍在它的旁边，

福祉啊，

灾祸正潜伏在它的里面。

有谁知道这正反相依

变到哪里是尽头？

只知道

正面的在那里不会停留。

因为正常可转变为异常，

善良可转变为邪恶。

人们对此迷惑不解，

已经是很久了！

因此秉道守德之人，

取方正而不割舍，

有棱角而不损伤，

性端直而不恣纵，

呈静明而不耀光。

第五十九章

【提示】

此章提出老子的又一重要哲学概念——啬，与后面第六十七章的"俭"相似，但多一重积蓄力量和精神的深义。

【原文】

治人事天，

莫若啬①。

夫为啬，

是以早服②；

早服谓之

重积德；

重积德

则无不克；

无不克

则莫知其极；

莫知其极，

可以有国；

有国之母③，

可以长久；

是谓

深根固柢，

长生久视之道。

【注解】

① 啬，同穑，原意为收禾，含有收获—储藏—积蓄连续多义。在本文中表示哲理，有余而少出以便保存长久力量的特别内涵。

② 服，古通"备"，《管子·度地》："寡人惽，不知四害之服，奈何?"俞樾《诸子平议·管子五》："服，读为备，谓不知四害之备也。"

③ 母，指"啬"为治国的根本法则。本章开头即说明，"治人事天"都要依据"啬"。

【译文】

治理社会和应对自然

没有比"啬"更好的了。

啬，就是余而少用，

储存充足，

这就意味着要及早准备，
及早准备也可以说是
积蓄好了德能，
积蓄好德能
就能顺利处理一切，
能处理好一切
就没有办不到的事情，
什么事都可以做，
当然可以治理一个国家了。
啬是治国的根本，
有它国家才能长盛。
这就叫作柢固根深。

第六十章

【提示】

无为而治的扩充。

此章的名言"治大国若烹小鲜"，历来将烹小鲜解释为煎小鱼不必翻动，与无为而治合，其实是过度解读。现实中，烹鱼无论大鱼小鱼都要翻弄。此语实际上只是说以道治大国同样容易，加"小"只是反衬加大了容易程度。

鬼神的引入，当然是唯心主义的体现，是人类认识初级阶段思想幼稚和不足的必然反映。但即使如此，也不应也不能由此撼动老子朴素唯物主义思想主体的根基。

【原文】

治大国
若烹小鲜。

以道莅天下，

其鬼不神①；

非其鬼不神，

其神不伤人；

非其神不伤人，

圣人亦不伤人。

夫两不相②伤，

故德交归焉。

【注解】

① 神，此"神"意为像神那样灵。言外之意，
鬼失去了向人施展它的作用（伤人）。

② 相，此"相"并非互相义，古汉语词法中，
在单方作用时也可用"相"，此处正是此
"相"。因而"两不相伤"是指神与圣人
都不伤人，是"神与人不相伤""圣人与
人不相伤"的合语。

【译文】

以道治理大国如同

烹一条小鱼那样容易。

当道降临天下时，

鬼就不能像神那样灵，

借此施展它的伎俩伤人。

这并不是鬼不伤人，

是此时只有神起作用，

神不伤人。

也不是只有神不伤人，

此时圣人在治理国家，

也不伤人。

神与圣都不伤人，

两者都能以德满

一同反归于玄妙的道本。

第六十一章

【提示】

"上德不德(得)"命题的例证。也是"无为而治"的一个生动"版块"。其手段有三：居下，阴柔，清静。

本章虚词"以"出现多种用法，较复杂，为便于读者顺利理解文意，特在注中作详细解释。

【原文】

大邦者，下流①也，

天下之牝也②，

天下之交也③，

牝恒以④静胜牡，

为其静也，

故宜为下也⑤。

故大邦

以⑥下小邦，

则取小邦；

小邦以下大邦，

则取大邦。

故或下以⑦取，

或下而取。

大邦不过

欲兼畜人⑧，

小邦不过

欲入事人⑨。

夫两者

各得其所欲，

则大者宜为下。

【注解】

① 下流，即江河下游。

② 交，交汇。

③ 牝，当阴柔解。

④ 以，古汉语介词，此处当用讲。

⑤ 下，作动词，当谦让解。

⑥ 以，此处以，仍当用讲，但其后省略宾语"静"，这是古文中常有的一种句型。本句意是大国用温良清静的德性来谦让小国。（下句同）

⑦ 以，此处以，强调后面的动词行为是原有

的目的。全句意是有的用谦让达到了对方
信任。后一句句意则是有的因谦让得到了
对方信任。

⑧ 畜人。畜，取顺从义，畜人即顺从的民，
《书·盘庚中》:"汝共作我畜民"可参考。

⑨ 事人。事，取职事义，事人即做下属。

【译文】

> 大国犹如江河的下游，
>
> 天下支流会向它交汇而归附，
>
> 因为它位于天下的阴柔之处。
>
> 阴柔常能克制阳刚，
>
> 以清静无为作为谦让
>
> 能使对方折服。
>
> 所以大国以此德性谦让小国，
>
> 从而得到小国的敬重。
>
> 小国以此德性谦让大国，
>
> 从而得到大国的保护。
>
> 因此有的为得到对方信任而谦让，
>
> 有的是因谦让而得到对方的宾服。
>
> 大国不过是想兼并得到顺民，
>
> 小国不过是想加盟求个下属。
>
> 这样双方就能各得所愿，
>
> 强大的一方主动谦让很关键。

第六十二章

【提示】

老子之"道"是老子首称,文中却出现老子自己说"古之所以贵此道",明显矛盾!疑似衍文。

"虽有拱璧以先驷马"句,词法和句法均复杂,以往注释相沿错解,今纠正并详析。

【原文】

道者

万物之奥①。

善人之宝,

不善人之所保。

美言可以市,

尊行可以加人②。

人之不善,

何弃之有?

故立天子，

置三公③，

虽有

拱璧以先驷马④，

不如坐进⑤此道。

古之所以

贵此道者何？

不曰：求以⑥得，

有罪以免邪？

故为天下贵。

【注解】

① 奥，原意为室之幽深处，引申为幽深，奥秘。

② 加人，人上人，胜过别人的人。

③ 三公，我国古代最尊显的三个官职，《礼记》指司马、司徒、司空为三公，《周礼》指太傅、太师、太保为三公。

④ 虽有拱璧以先驷马。以，古汉语介词，此处同"而"，表并列，表示"有拱璧""先驷马"两动宾结构并列。先，动词，前行义，《说文》："先，前进也。"而"先"在此又必须是使动或名物化，语义才顺当。全句意可译为虽然拥有大璧珍宝和前

行的驷马华乘。

⑤ 坐进。坐有停留意。进可理解为修养并融入。文中的"坐进"即踏踏实实安心地修养并融入道义。

⑥ 以，此处当"凭借"讲。后省宾语"道"。

【译文】

道是万物所居的幽深之地，

是善人的法宝，

也是不善人保全的玄同之器。

漂亮的言辞能换来别人的钦尊，

漂亮的行为能把他变得胜过别人，

那么对于不善的人，

有什么理由要把他抛弃？

所以，设立天子治国，

配置三公辅佐，

与其让他们享有大璧珍宝，

驷马华乘，

不如安下心来修道融入道义。

古时候人们为什么珍视这道呢？

不是曾经有言，

说凭借道正常的诉求都可以获得，

社会的犯罪现象也因此绝迹了吗？

所以道能得到天下人的普遍珍视。

第六十三章

【提示】

中心是讲按照道的原则处理施德过程的辩证法则。其中"报怨以德"需要特别理解。这是老子道德理念的道家提法，它与儒家孔子在这点上是针锋相对的。孔子对"怨"主张"以直报怨"，要用公正合理的态度和方法报复伤害自己的行为，这与儒家世俗的爱憎分明、亲疏有别的"仁爱"思想相一致。老子却是以宏观的宇宙观念为指导，在自然观和历史观上都以包容与和谐为准则加以施德，因而提出与"仁"不同的"至仁"即大爱的主张，所以对待所怨也同样以"玄德"的规则施于博爱，以便让对方同归于道。孔子思想是以现实为基点的，而老子哲思则是以精神的要求为基点的。各有所侧，各有所用。需注意的是，不能就此简单地认为老子的哲思脱离现实，不是的，要知道他

的哲思是社会负面对精神的悟性反应，其作用
是更高层次的旨在于人性复元的归化。

【原文】

为无为，

事无事，

味无味。

大小多少，

报怨以德①。

图难于其易，

为大于其细。

天下难事，

必作②于易；

天下大事

必作于细。

是以

圣人终不为大，

故能成其大。

夫轻诺必寡信，

多易必多难。

是以

圣人犹难之，

故终无难矣。

【注解】

① 报怨以德，按照德的规则处理怨恨的人与
    事。详解阅提示。

② 作，发生，可当开始讲。

【译文】

> 行使排除世俗的行为，
> 完成排除世俗的事情，
> 体味世俗之外的况味。
> 不论恩怨大小多少，
> 都要以玄德规则宽厚处理。
> 图谋繁难之事，
> 要从容易处着手，
> 创建宏大事业，
> 要从细微处做起。
> 天下难事刚发生都显容易，
> 天下伟业刚做起都具细微。
> 因此，秉道守德之人
> 总是把自己置身于小处，
> 却最终都能成就赫赫大事。
> 轻意答应人家
> 必然会有失信用，
> 把事情看得简单
> 必然会屡陷困境。

因此秉道守德之人

总是事先把困难充分估计，

其结果反而能够化难为易。

第六十四章

【提示】

内容混杂。

中心应是以辩证思维把握处理问题的最佳时机，及善始善终的成功要则。

文中两部分无为的内容疑似异文插入。

【原文】

其安易持，

其未兆①易谋。

其脆易泮②，

其微易散。

为之于未有，

治之于未乱。

合抱之木，

生于毫末；

九层之台，

起于累土；

千里之行，

始于足下。

为者败之，

执者失之。

是以圣人

无为故无败，

无执故无失。

民之从事，

常于几成

而败之。

不慎终也。

慎终如始，

则无败事。

是以圣人

欲不欲，

不贵

难得之货；

学不学，

复③

众人之所过。

以辅万物之自然

而不敢为。

【注解】

① 兆，原指预兆凶吉的兆纹，常表示征兆之意。

② 泮，融化。《诗经·邶风·匏有苦叶》："迨冰未泮"可参考。

③ 复，本义为返，此处以挽救理解，即挽救人们的过失。

【译文】

当事物安定时容易将它把持，

当事情未有变化征兆时

容易筹划谋算，

当事物脆弱时容易将它化解，

当事物微小时容易将它分散。

所以做事

要在事情尚未开始就做起，

治理国家一定要提前于

尚无动乱迹象之时。

合抱的大树，

是由小苗成长起来的，

九层的高台，

是经夯土积累起来的，

千里的远行，

是从脚下的原点开始迈进的。

所谓有为其实是把事物败坏，

所谓把持实际是把它丢弃。

所以秉道守德之人，

善于为无为就没有败坏可言，

不把持也就谈不到失去。

人们做事，

经常失败于事业将要垂成。

如果在最后能够像开始一样

保持谨慎，

那么失败就不会轻易发生。

所以秉道守德之人，

所求的正是世俗之人不想求的，

因而他不会看重稀有财货；

所学的正是世俗之人不学的，

因而他能挽救众人的过错。

因为以辅助万物顺其自然为己任，

所以世俗之事他一概不做。

第六十五章

【提示】

无为而治的又一具体阐述。注意道义非"明民"而"愚之"的内涵与现实(世俗)愚民政策的不同。

又出现"道"与古者的矛盾，是后人加入的衍文，还是老子自述的推想虚指？难理解。

【原文】

古之为道者，

非以明民，

将以愚之。

民之难治，

以其智多。

故以智治国，

国之贼①；

不以智治国，

国之福。

知此两者

亦稽式 ②。

常知稽式，

是谓玄德。

玄德

深矣远矣，

与物反矣，

然后

乃至大顺。

【注解】

① 贼，当害讲。《荀子・大略》："能除患则
为福，不能除患则为贼。"可参考。

② 稽式，稽为核查，式为规矩、标准，稽式
即核查的标准。

【译文】

古时候善于行道之人，

不以道教人机智，

而是教人思想朴实。

百姓之所以难以治理，

就因为变得太机智了。

所以，以机敏足智治国，

实质上是国之祸害；

不以机敏足智治国，

其实才是国之福祉。

知道两种情况，

可作为一个考查规矩。

领会并恒守这规矩，

这恰好符合玄德的标准。

玄德有幽深而邈远的性能，

与实物不同，

具备它然后才能达到大顺。

第六十六章

【提示】

中心仍为无为而治。

全篇与前重复，老子原文中的衍文可疑此章尤甚。

姑且注释。

【原文】

> 江海所以能为
> 百谷王者，
> 以其善下①之，
> 故能为百谷王。
> 是以
> 欲上民，
> 必以言下之；
> 欲先民，

必以身后之。

是以圣人处上

而民不重②，

处前而民不害。

是以天下乐推

而不厌，

以其不争，

故天下

莫能与之争。

【注解】

① 下，低下。

② 重，负重、负担。

【译文】

江海之所以能成为百溪之王，

是因为它们善于处在

低下的位置，

所以能成为百溪之王。

所以要想做百姓之王，

就必须言语谦和；

要想领导百姓就必须行为谦让。

所以秉道守德之人做百姓之王，

百姓并不感到有什么负担；

他领导百姓，

百姓也不觉得有什么不善。

所以天下连连推举他却乐而不厌。

因为他不与人相争，所以天下

没有谁与他相争时能够取胜。

第六十七章

【提示】

老子进而解释道与德的精粹篇章。

他说道大而不像具体的任何物，道是演化万物的，具有巨大的概括性，所以大，但它又是无，当然与具体的万物不同。特别要注意的是，这个不仅指无形，它是有质的，是万物的元质（见于第二十五章）。

他所说的持而保之的三宝——慈、俭、不敢为天下先，属运道成德的重要内容，含义很深，极具道家特色。慈是慈善，慈有博爱义，善则上善，如此无私而忘我，必有真正的勇气。俭即俭啬，持余而节用，这是保证物质与精力为长期广用的最佳办法。不敢为天下先，以辅助万物顺其自然的宽宏胸怀在世人面前慎言谦让，必然会被天下由衷推举，成为掌握巨器的首长。

读者领会这些玄德要义，对正确理解老子的哲学思想是很有帮助的。

【原文】

天下皆谓

我道大①，

大而不肖②。

夫唯不肖，

故能大。

若肖，

久矣其细也夫！

我恒有三宝，

持而宝之。

一曰慈③，

二曰俭④，

三曰不敢为

天下先⑤。

慈故能勇；

俭故能广；

不敢为天下先，

故能成器长。

今舍慈且勇；

舍俭且广；

舍其后且先；

则死矣。

夫慈，

以战则胜，

以守则固。

天将建之，

以慈垣之。

【注解】

① 大，指道大而无形且守恒。

② 肖，像，一样。

③ 慈，慈善。（可参阅提示详解）

④ 俭，俭啬。（可参阅提示详解）

⑤ 不敢为天下先，意即处下居后。

【译文】

天下人们都说我的道大，

与任何具体的东西都不一样。

是的，正因为它大而无形且守恒，

所以与具体的东西不同。

若与它们一样，

它早已变得细小不堪不成原形。

我有三件法宝，

一直牢牢掌握并保存:

第一个叫"慈",

第二个叫"俭",

第三个叫"不敢为天下先"。

慈就是博爱无私,

所以能有勇气和胆量;

俭是俭啬,

所以物质能被我长期广享;

不敢为天下先,

却能得到人们普遍的推荐,

成为运用巨器的官长。

当今的人们,不讲慈爱,

一味争勇斗气;

不知俭啬,一味穷奢极欲;

不愿居后,一味抢夺第一,

其结果必死无疑。

慈这法宝,

把它用于战争就能取胜,

把它用于守卫就能巩固。

天要拯救被戕害者,

我就用这法宝将他保护。

第六十八章

【提示】

专述德中的不争项。主要以战争为例分析，因为战争是社会之争的最高形式。

【原文】

善为士者不武，

善战者不怒，

善胜敌者弗与①；

善用人者，

为之下。

是谓不争之德，

是谓用人之力，

是谓配天

古之极②。

【注解】

① 与，原意是给予，此处是引申义交，《礼记·曲礼》:"生与来日。"按:"犹交也。"此义用于人与人之间，以交往、交接解。文中之"与"是交兵之意，犹如《孙子兵法·谋攻篇》所言:"上兵伐谋，其次伐交。"

② 极，此处以准则解，《诗经·卫风·氓》:"士也罔极，二三其德。"可参考。

【译文】

精明的男子从不耀武扬威，

善于作战的将领不会激怒发狂，

善于全胜的谋略不用交兵打仗，

善于用人的上级总是屈尊谦让。

这就叫作不与人相争的德，

这就叫作善于用人的能力，

这就叫作人与自然相合。

不争是自古以来的行为准则。

第六十九章

【提示】

此章为保持三宝的战争演绎。不是兵法，今人以此套用兵法可笑。在解读中尤其要注意的是，关于战争的现实概念与老子三宝理念完全不同，因而许多注释者很容易在理解上发生歧义，如"祸莫大于轻敌"，按通常的思维习惯一定认为这是指轻视敌人或敌情，其实应是轻易敌对、血腥杀戮之意，这才符合三宝的不争之德。可参阅上章。

【原文】

用兵有言：
"吾不敢①为主
而为客，
不敢进寸
而退尺。"

是谓行无行，

攘② 无臂，

执③ 无兵，

乃④ 无敌矣；

祸莫大于轻敌⑤，

轻敌几丧吾宝。

故抗⑥ 兵相若，

哀⑦ 者胜矣。

【注解】

① 敢，可当肯、愿意解。陶潜《荣木》："脂
我名车，策我名骥，千里虽遥，孰敢不
至。"可参考。

② 攘，排斥，排除，文中有使敌人退却意。
《国语·鲁语下》："大攘诸夏。"韦昭
注："攘，却也。"

③ 执，当慑服解。《前汉书·朱博传》："豪
强执服。"注："谓畏威慑服也。"

④ 扔，当摧毁解。《后汉书·马融传》："窜
伏扔轮。"李贤注："扔，摧也。言为轮所
摧也。"

⑤ 轻敌，轻易敌对之意。

⑥ 抗，此处为匹敌、抗衡意。

⑦ 哀，哀慈，慈有爱之义，因而也可解释为
慈爱。

【译文】

用兵者曾有言：

"我不愿主动进攻

而只愿被动防御，

不愿向前迈进一寸

而只愿向后退却一尺。"

这就叫不用行列的摆阵，

不用众臂的排除，

不用武器的震慑，

不用敌对的摧伏。

轻易敌对是最大的祸灾，

舍此不争

才能保全三宝不受损害。

所以两军对抗旗鼓相当，

最终的胜利

却属于哀慈一方。

第七十章

【提示】

没有深意。前面说天下莫能知，后面又说知我者稀，表达前后矛盾。而且，没有一位哲学家或理论家会认为他的思想没有人理解的，否则他著书立学干什么？其中的不经之论很难相信是作者原作。

【原文】

> 吾言甚易知，
>
> 甚易行。
>
> 天下莫能知，
>
> 莫能行。
>
> 言有宗 ①，
>
> 事有君 ②。
>
> 夫唯无知，
>
> 是以不我知 ③。

知我贵希，

是以圣人

被褐④而怀玉。

【注解】

① 宗，祖。老子五千言讲的是道义，而道义
之祖即道，所以此宗指无名无形恒久存在
的道。

② 君，主。事指万物，而道义中万物的养育
和保护者是德，"德畜之"，德犹如天下
的治理者，所以此君指生而不有的德。

③ 不我知，即不知我。古文否定句宾语提前。

④ 褐，粗毛布，引申为粗布衣。

【译文】

我讲的道义本来很容易懂，

也很容易循道修行。

但天下没有人能理解，

也没有人笃志践行。

道义之宗是道，万物之君是德，

正是人们对此无知，

因而不理解我讲的道义。

这世上理解我的人很稀罕，

效法我的人更尊贵。

所以秉道守德之人与众相异，

身穿粗毛布衣心怀温润美玉。

第七十一章

【提示】

"绝圣弃智"的再次论述。文中集中论"智"。

"绝圣"的"圣"指非秉道守德的被人们称为的圣人及其迷惑人的言行,并非多章中常出现的为老子设定的圣人。"弃智(知)"的"智",则是指机巧、诡诈一类的智能。

【原文】

> 知不知①,
>
> 尚②矣;
>
> 不知知,
>
> 病③也;
>
> 是以圣人不病也,
>
> 是以不病。

【注解】

① 知不知，前知即知道，后知是智，不智即老子主张的绝圣弃智的"弃智"。后句的两个"知"如是解。

② 尚，作尊崇解。

③ 病，此病作弊病解。

④ 病病，前病作怨恨、厌恶解，后病即弊病，下同。

【译文】

> 知道弃智的道理最为尊崇，
>
> 不知道机巧的危害确是弊病。
>
> 秉道守德之人没有这种弊病，
>
> 是因为他厌恶这个弊病。
>
> 正是由于他厌恶这个弊病，
>
> 所以他不会出现这种弊病。

第七十二章

【提示】

其中的主旨是无为而治，特别指出若走向反面时，就会出现"大威至"的动乱局面。

【原文】

民不畏威，

则大威至；

无狎 ① 其所居，

无厌 ② 其所生。

夫唯不厌，

是以不厌。

是以圣人

自知不自见，

自爱不自贵。

故去彼取此。

【注解】

① 狎，作交替、更换解。《左传·昭公元年》："诸侯逐进，狎主齐盟，其又可一乎?"杜预注："强弱无常，故更主盟"。

② 厌，古压字。《礼记·深衣》："带，下毋厌髀，上毋厌胁，当无骨者。"可参考。

【译文】

> 当百姓不再畏惧权威时，
> 对统治者巨大的威胁就要来临。
> 不要扰乱百姓的和谐静处，
> 不要迫害百姓的自在生存。
> 只有对百姓不施加压迫，
> 他们才不会感到压迫。
> 因此秉道守德之人，
> 只求自知自明绝不自显自现，
> 只求自重自爱绝不自尊自贵。
> 所以要摒弃后者行为
> 而坚持前者行为。

第七十三章

【提示】

天之道即我们今天讲的自然规律，其含义比现在的要宽广，如其作用即包括社会历史自身的必然处制。"天网恢恢，疏而不失"已成为沿传至今的"天网恢恢，疏而不漏"成语，足见本章影响不小。

天之道也就是老子所讲的道，只是不同的表达。这里所强调的违反道的规律就要受到惩罚，属于道的另一面作用，真所谓顺之者昌，逆之者亡。由此可见老子哲理之精深博大。

【原文】

勇于敢 ① 者则杀，

勇于不敢者则活。

此两者，或利或害。

天之所恶，

孰知其故？

天之道，不争而善胜，

不言而善应，

不召而自来，

坦然 ② 而善谋。

天网恢恢 ③，

疏而不失。

【注解】

① 敢，作侵犯解。《国语・吴语四》："寡人
　师不腆吴国之役，遵汶之上，不敢左右，
　唯好之故。"可参考。

② 坦然，坦(chǎn)，宽绰舒缓的样子。

③ 恢恢，宽广无际。

【译文】

勇到侵犯就会杀生，

勇而不犯则保全性命。

这两种行为利害相反，

一个吉利，一个凶残。

青天有它的厌恶，

有谁知道这个中缘由？

天道自然，

虽不相争却善于取胜，

虽不言语却善于应对，

虽不召唤却有万物回归，

虽悠悠舒缓

却能缜密筹谋。

一张天网宽广无际，

网眼稀疏

但捕捉邪恶绝不遗漏。

第七十四章

【提示】

此章已触及到社会的尖锐矛盾，这是老子的思想敏感性和对社会体悟的表现。

而在文后把唯一的杀人权交给冥冥中的有司，这既是人类处于初级历史阶段对自身力量薄弱性的自我反映，又暴露了无为而治思想必然忽视社会现实力量的先天性缺陷。这是偏重精神世界的理论和作品的通憾。然而这又是可以理解的，因为社会赋予它们的机能特性，只是从社会负面的反思中，专注于人类命运的关怀和人性复元的推进。这是悟性意识形态的专有的社会职能和作用，而这一职能和作用，又是社会现实力量不可替代的。

【原文】

　　若民恒且不畏死，

　　奈何以杀惧之也①？

　　若民恒且畏死，

　　而为奇②者，

　　吾将得而杀之，

　　夫孰敢矣？

　　若民恒且必畏死，

　　则恒有司杀者③

　　夫代司杀者杀，

　　是代大匠斫④也，

　　夫代大匠斫者，

　　希有不伤其手矣。

【注解】

① 奈何，当如何，怎样解。惧，使动词，意
　即使对方惧怕。

② 奇，不正常的，指社会出现异常的人与
　事件。

③ 常有司杀者，常，指恒长、永久，也就是
　一直存在的。司，掌管。纵合意为一直有
　掌管杀伐的。

④ 斫(zhóu)，砍。

【译文】

暴政下的百姓已不怕死，

统治者又怎能用死来让他们恐惧？

假若另一社会环境

百姓长期以死为惧，

偶有作恶之人就把他抓起来杀掉，

那谁还敢再胡作非为？

天地冥冥中一直有专司杀伐者

由它谨施其责。

人代替它实施杀伐，

如同一个外行代替木匠弄斧砍削。

代替木匠弄斧砍削，

很少有不伤自己手的。

第七十五章

【提示】

研究老子唯物史观的重点章节。此章老子直接揭示了阶级矛盾并趋于激化的原因。以此可再次证实老子哲学体系的唯物主义属性和社会现实基础。

【原文】

民之饥，

以其上食税之多，

是以饥；

民之难治，

以其上之有为，

是以难治；

民之轻死，

以其求生之厚，

是以轻死。

夫唯无以生为①者，

是贤②于贵生。

【注解】

① 无以生为。生为，即为生，否定句的宾语提前。以，无实义。纵合句意就是不贪生保命。

② 贤，作胜解。《礼・投壶》："某贤于某若干纯。"注："以胜为贤。"

【译文】

百姓难以充饥，

是由于统治者吞食租税太多，

这就是百姓饥饿的原因。

百姓难以治理，

是由于统治者实施了繁政苛法，

这就是百姓难治的原因。

百姓轻易死去，

是由于统治者极度地求生保命，

这就是百姓轻死的原因。

以清净无欲的方式融入大化中，

胜过优渥境况里贪生保命。

第七十六章

【提示】

进而讲道用中的柔弱之德。

【原文】

人之生也柔弱，

其死也坚强。

草木之生

也柔脆，

其死也枯槁。

故曰坚强者死之徒①，

柔弱者生之徒。

是以兵强则灭，

木②强则折。

强大处下③，

柔弱处上④。

【注解】

① 徒，作一类解。《左传·襄公三十年》："岂
　 为我徒？"我徒意为我一类的人。

② 木，树。

③ 下，指处于低下。

④ 上，指处于高上。

【译文】

　　　　人活着时身体柔软，

　　　　当死后就会变得僵硬。

　　　　万物草木生长时柔嫩青葱，

　　　　在死后就会变得干枯坚挺。

　　　　所以坚强归死亡一类，

　　　　柔弱属生存一类。

　　　　因此强军反而被哀慈消灭，

　　　　大树反而被飘风吹折。

　　　　坚强处于低下位置，

　　　　相反的，柔弱处于高上位置。

第七十七章

【提示】

此章是老子道用中极重要的内容，"天之道，损有余而补不足，人之道则不然，损不足而奉有余"，这两句对应的论述，可谓道用之德的最精辟之语，也是老子历史观的核心所在。在公元前500年就能把人与人的关系看得如此准确而透彻，从而深刻揭示了人类历史产生负面的根源，其智慧可以说是旷时旷世的。我们之所以把他奉为神明般的古哲人，对他的著述的研究相继不绝，历久弥笃，越来越引起了后世包括国际间的重视和兴趣，虽有诸多学术价值的裨益因素，但最根本点，我以为正是由于这人之道"损不足而奉有余"结语，闪烁出千古不灭的思想光辉。

【原文】

天之道①，

其犹张弓欤？

高者抑之，

下者举之；

有余者损之，

不足者补之。

天之道，

损有余而补不足。

人之道则不然，

损不足而奉有余。

孰能

有余以奉天下，②

唯有道者。

是以圣人

为而不恃，

功成而不处，

其不欲见贤③邪。

【注解】

① 天之道，意即自然的规律。

② 孰能有余以奉天下？句中以当"把"讲，意
即把有余，疑问句宾语"有余"提前，全
句意为：谁能把有余奉献给天下？

③ 见贤，见即现，显现，贤作才能解。

【译文】

　　自然规律，

　　不就像弯弓射箭吗？

　　对得目标偏高了要把弓压低，

　　偏低了要把弓抬高，

　　用力过猛要把弦松弛，

　　用力不够要把弦张大。

　　自然规律

　　就是减损有余而弥补不足，

　　人间的规律却不一样——

　　贫困的一方还得上贡富余的一方。

　　谁能把有余奉献天下呢？

　　只有道才行。

　　所以秉道守德之人，

　　尽力做事而不自傲，

　　功成之后也不居功，

　　从不想显露自己的才能。

第七十八章

【提示】

无新意。柔弱胜刚强。

【原文】

天下莫柔弱于水，

而攻坚强者

莫之能胜，

以其① 无以易之。

弱之胜强，

柔之胜刚，

天下莫不知，

莫能行。

是以圣人云：

受国之垢②，

是谓社稷主；

受国不祥，

是谓天下王。

正言若反。

【注解】

① 其，指代水能胜攻坚强的力量。

② 垢，此处当耻辱讲。

【译文】

天下没有比水更柔弱的了，

而攻击强硬的力量却不能攻克它，

这是力量对比中独一无二的现象。

弱小的能战胜强大的，

柔韧的能战胜刚烈的，

对此天下无人不知，但没有人

照此效仿。

因此秉道守德之人告诫说：

"能承受全国的屈辱，

那才称得上是君主，

能经受全国的不幸，

那才称得上是君王。"

这是正言相告只是从反面来讲。

第七十九章

【提示】

其核心意仍是无为而治。以往诸多诠释者，因对"契"与"彻"未求甚解，因而对此章多作误解。

【原文】

和大怨，

必有余怨，

安可以为善①?

是以

圣人执左契②，

而不责③于人。

有德司契，

无德司彻④。

夫天道无亲⑤，

常与善人⑥。

【注解】

① 善，吉祥、和美、完美。《说文》:"善，吉也。"

② 契，契约，此文特指周之前的契约方式:双方各执分割后的左右部分，以齿合为证，互相信任。

③ 责，索取，(索取是责的本义)《说文》:"责，求也。"

④ 彻，本义为通，引申为天下通法，此文特指周时的田税制度。《论语·颜渊》:"盍彻乎?"注:"周法什一而税，谓之彻。"

⑤ 无亲，道家反对仁，主张至仁，即大爱、博爱，所以无亲。

⑥ 常与善人。与，帮助、劝导的意思。善，使动词，意即使人善，成语"与人为善"正是此意。句意即总是帮助别人使他成为完美的人。

【译文】

> 和解已结的深仇大怨，
> 必然不能完全消除仇怨，
> 这种办法怎能使人变得完善?
> 所以秉道守德之人
> 采取契约的方式，

决不强行要求对方偿还。
采取互信的契约方式
是有德的表现，
采取繁苛的田税通法
是无德的表现。
依照自然规律的道义广施博爱，
它总是引导人们走向完美和善。

第八十章

【提示】

老子的理想王国——小国寡民的蓝图。

这是道用之德主张大爱必然产生的思想飞跃。对于超越现实的社会预想，无论是哪个文化界的特殊思想人物产生的，我们都应该以严肃而正确的态度加以认识，不能轻率地冠以"乌托邦"一词便以为定论。要知道这些哲学家、诗人、作家、政治家都是思想的先锋，他们都主张人类关系中最高层次的博爱，而他们的理想的产生，都是对现实社会以及以往历史的负面深刻反思的结果。所以，我们不应该因为这种理想有非科学成分（其实任何理想都有非科学成分，只是多少而已），就否定它的积极意义，更不应该简单而机械地认为它与现实完全脱节，便把它划入唯心主义范畴。

【原文】

小国寡民。

使有什伯之器 ①

而不用；

使民重死 ②

而不远徙；

虽有舟舆，

无所乘之，

虽有甲兵，

无所陈之；

使人复结绳

而用之。

甘其食，

美其服，

安其居，

乐其俗。

邻国相望，

鸡犬之声相闻，

民至老死，

不相往来。

【注解】

① 什伯之器，什伯，众多的意思，器，器具。

② 重死，看重生命。

【译文】

国家不大，人口也不多。

即使有众多的各式各样器具，

也早已景迁时过。

即使百姓看重生命，

灾难临头时也决不愿迁往他国。

虽有船只车辆，

没有人出行乘坐，

虽有作战武器，

也没有必要为备战铺摆——

遂使人们回到朴素的结绳时代。

人人都觉得

食物香甜可口，

服饰自然鲜亮，

居住安全舒适，

日子过得幸福乐康。

邻国相依相望，

连鸡鸣犬吠的声音都听得很清，

但两国的百姓却一直互不来往。

第八十一章

【提示】

最后一章可谓修道行德的启示录。先讲言行的辩证法。去华而不实才能存信，去巧言令色才能存善，去博学多能才能存一。在此基础上，自然进入清静无欲、玄虚邈远的道的境界。进而无我无私，把自己所有的一切用于对身外人与物的帮助和给予。

另外，我们从中可以看出，老子的辩证思维与他的一以贯之的道义阐述是相辅相成的，道义中无不充满辩证法，用辩证思维正是为了阐明极度抽象然而以宇宙元质为基础的道的理念。他的这一思维的运行贯穿于整部著作中。

【原文】

信言不美①，

美言不信。

善者不辩②，

辩者不善。

知者不博③，

博者不知。

圣人不积：

既以④为人

己愈有；

既以与人，

己愈多。

天之道，

利而不害；

圣人之道，

为而弗争。

【注解】

① 信言不美。信，真实，真诚。美，文中指华而不实。

② 善者不辩。善，完美，和善。辩，文中指巧辩。

③ 知者不博。知，同智。博，广博，文中指博学多能。

④ 既以，既，尽，完全。《史记·太史公自
序》："不既信，不倍言，义者有取焉。"
可参考。以，当用或把解，即用（它）做什
么，把（它）怎样。

【译文】

真实的表达不用华而不实的语言，

华而不实的语言不会有真实。

和善的人从来不会利口巧辩，

利口巧辩有违于和善的本质。

大智慧不需要广知博学，

广知博学不能在修道时一以贯之。

秉道守德之人不保留自己的所有，

他会完全用它帮助别人，

自己反而更加充融；

他会完全把它给予需要的人，

自己反而更加丰盈。

像自然规律，

只利于万物而没有损害，

秉道守德之人的规则，

也只是默默奉献而不与他人相争。

附 录

重新认识老子

《老子》一书产生于公元前 500 年的春秋末期，虽然仅有 5000 余言，却是我们祖先无与伦比的智慧结晶。可以说，它是世界最早的一部正确认识自然与社会的哲学经典，因而早在 16 世纪就已传入西方，成为历代不少西方智者奉若神明的启悟之书。而我们由于种种复杂的原因，对这部自己的祖传宝典，始终既觉经典却不知何以为经典，既极珍视却并不明确何以要珍视。其中的迷雾所在，就是没有将老子的哲思给予准确的定位和定性，因而也就不可能真切认识老子哲学的玄妙而深邃的内涵。

精神世界的拓荒者

任何一种新理论的产生都与社会历史有密切关系。《老子》之所以产生于春秋末期，也与当时的社会现实状况互相关联。

　　我国历史进入西周晚期，由"商周间大变革"（王国维）的历史趋势已渐入社会矛盾变得尖锐复杂的历史阶段。王室和诸侯国的贵族们对于周礼规制和生活物欲的要求有增无减，而士以下的庶民因无限繁劳却使他们的贫弱不断加深。他们被榨取的赋税和劳役，无休止地用于国家和宗主的贡献、军备、建设、丧祭，社会也随之走向畸形发展。

　　东周王室衰落至极，相应地出现长期的诸侯间的战争兼并，国土四分五裂，被分割成无数碎片似的大大小小的王国。战争频仍，生灵涂炭。仅据《春秋》鲁史中的记载，列国间的战争次数就有483次之多（范文澜）。在这种极度兵荒马乱的社会状况下，天下百姓的疾苦已至无以复加的地步，而贵族们却依然过着荒淫无耻、尽情享乐的生活，《老子》文中揭露说，"朝甚除（宫室豪华），田甚芜，仓甚虚，服文彩，带利剑，厌饮食，财货有余"（第五十三章），表述很生动，今日读之可视作穿越历史的真实写照。

　　面临这种历史现状，必然会引起思想家们怔忪后的冷静思考。这种思考是必然的，是无数次反复思虑积压已久而突然迸发出的崭新思绪。

　　我国思想的质性嬗变，都是发生在历史的低谷期。春秋战国正是第一个历史的低谷，其间新思想的出现最主要且具有代表性的便是老子的道学和孔子的儒学。老子思想是对社会现实反思后的根本性纠正和理想性向往，他以大爱开垦精神世界的一片荒芜，以求得清新、质朴的人性复元，以无为而治摒弃世俗的观念和行动，以求得一个太平和谐的理想世界。孔子则是完全立足于现实，从混乱中寻求厘清的方法，从无序中思考整理的规则，因而以中庸的等次明确伦理，以礼教的规定制约人的行为。很显然，一个是偏重现实世界的治理，一个是偏重精神世界的开辟和营造。因此，就学术内涵的性质和作用衡量，可以称老子是思想家、哲学家，而对孔子可称其为思想家、伦理家、政治家，但不能称其为哲学家。

对于道学与儒学的学术类型的不同，一般是可以理解的，但对于道学在社会意识形态中的合理性，人们却至今茫然无识，因而也难以深入理解道学产生并存在的社会意义。为解决这一问题，就须要把认识意识形态结构知识，作为进而探索道学，也即老子哲学真义的理论性前提。

长期以来，我们没有认识到社会意识形态，也就是精神形式，是按照社会的不同需要，以不同的产生方式形成，并在社会发展中起着不同的作用，因而也就不明确它们虽统归于精神领域，却处于不同位置。其实，意识形态的类型不同，它们在精神领域中构成的层次也不同。大体来说，一类为认识型意识形态，如政治、法律、道德、科学等等，它们是现实存在的直接反映，处于精神领域的下层；另一类为感悟型意识形态，如哲学、宗教、艺术（包括文学），它们位于精神领域的上层，是现实存在的间接的复杂的反应。早在黑格尔那里，他已经把哲学、宗教、艺术三者归为"绝对精神"（《哲学全书》）。到马克思和恩格斯论述社会总结构时，恩格斯为社会意识形态进而解释说："更高的即远离物质基础的意识形态，采取哲学、宗教的形式。在这里，观念与自己的物质存在条件的联系，越来越错综复杂，越来越被一些中间环节弄模糊了。但是，这一联系是存在的。"（《马克思恩格斯选集》），他在给友人的信中还强调说："那些更高的悬浮于高空的意识形态领域，即宗教、哲学等等。"（《致康·施米特》）两文中虽没有直接指出艺术（包括文学），但显然包含在等等中，因为他与马克思在意识形态的排列时，都是最后把哲学、宗教、文学、艺术排在一起。

由此我们应该把我国最早出现的系统性哲学理论《老子》，依照其特性，归于精神领域的顶层位置，并明确它存在的意义和作用，是对人的蒙昧的启悟和精神的开拓，并以纯正的精神力量潜入社会影响现实。

事物的性质和职能决定它的位置，反过来说，不同的位置具有其特有的性能和作用，这是不能混淆的。因此，不能因为老子哲学以精神领域的开辟与营造为其直接功能，强调不得、居下为善，朴实无华为德，哀兵必胜，无为而治，便认为与现实脱节，是不切实际的空想；也不能因不懂意识形态的位置功用各不相同，便在显学的强势影响和主观意识的指配下，用儒学的观念解释道学的理念，混乱道学独特的哲理思维，甚至把《老子》原本是道与德统一的哲学体系，无知地分裂为《道经》和《德经》两卷，并改称为《道德经》。这些不正确的解经意识和方式，不仅有违于意识形态的结构理论，而且也有损于《老子》这部中国宝典的意义的发明和作用的广施。

事实上道学和儒学在实际社会的应用中各有自己的天地，在许多观念的核心内容和面向社会对象的实施方式也各不相同。儒学以现实的需求为其立论的基点，而道学则以精神的要求为其立论的基点。因此，刻板地以绝对现实的观念分析、解说道学是徒劳的。

从道学对儒学的几个基本观点的驳论中，我们将双方理念对照审视，也许有助于对意识形态位置论的深刻理解。从中可以清楚地看出，正是由于它们所处的意识形态的位置不同，因而判别社会问题的视角也截然相异。

在老子看来，儒家的核心思想"仁"，并不能从根本上实现人与人本应有的自然而和谐的关系。所以，他疾呼"天地不仁（不讲仁）""圣人（秉道守德的人）不仁"，明确反对仁，并主张"绝仁去义"（第十九章）。他认为真正需要的是"道"广行博施的大爱，"圣人常善救人，故无弃人；常善救物，故无弃物"（第二十七章）。老子对儒家亲亲有术、尊贤有等的亲疏尊卑观念也不屑一顾，认为应按"天道无亲，常与善人（助人完善）"（第七十九章）的"道"义实现人人平等。对此，后来的道家庄子则更明确地强调"至仁无亲"（《庚桑楚》），指出道家的仁与儒家的仁有本质区别，道家不讲"仁"，而讲"至仁"。而对于儒家极力推行的"礼"，老子则看作是人间的"乱之首"（第三十八章）。到庄子，对此分析得更为透彻："礼者，世俗之所为也。真者，所以受于天也，自然不可易也。故圣人法天贵真，不拘于俗。"（《渔夫》）

不难看出，道学的根本意义只在于以"上善若水"的最高境界，点化人们"利万物（包括人）而不争""见素抱朴"（第十九章），追求"其精甚真，其中有信"（第二十一章），去努力恢复人的本真。

同时，道学在另一方面，则对君临天下的统治者，晓谕"无为而治"，以纯化的理念纠正世俗治理中出现的繁政苛刑的负面，并提出"以正治国"（第五十七章）

的理想性的从政原则和施政方式。

细读《老子》全书，我们就会发现，在许多章节中老子把国君和长官虚拟为秉道守德的"圣人"，说他们应该也能够"以百姓心为心"，讲究"德善""德信"（第四十九章）；他们应该也能够"自知不自见（表现），自爱不自贵"（第七十二章），"为而不恃，功成而不处"（第七十七章）；在物质生活、精神生活上一定要"去甚，去奢，去泰"（第二十九章）；在治理手段上要"长而不宰"（第十章），即有权后不能实行宰制，甚至还为他们提供了"大制不割"（第二十八章）的最高领导艺术。

老子就是这样心执道慈，悲天悯人，广施大爱，默默地而悠然自得地开垦着精神世界的一片片荒秽，然后撒下一粒粒本真的种子。

辩证唯物论的开山始祖

德国哲学家卡尔·雅斯贝尔斯曾经说过，公元前5世纪左右是人类文化突破的"轴心时代"，中西方先后出现了一批伟大的思想家和哲学家。他说的文化突破，最为显著的是关于宇宙本原的理性认识，而在这方面的伟大的哲学家中就有我国的老子。

　　老子是世界最早以辩证唯物论思想解释宇宙本原、本体及运行规律的哲人之一。他认为，宇宙的本原是不知该如何称谓的混沌物质，"有物混成，先天地生"，是演化天地万物的根源，"可以为天下母"。而且它具有自己的"独立"性，"周行而不殆"，周而复始地不停地依照自己的规律运行（以上第二十五章）。这种宇宙本原的物质属"常无"（第一章），是人的感官感觉不到的，所以不知该叫它什么，只好"字之曰道"，用一个"道"字代称。它虽然"视之不足见，听之不足闻"（第三十五章），但"其中有物""其中有精，其精甚真"（第二十一章），那是一种质性的永恒无际的"常无"。他也指出了万物演化过程"大曰逝，逝曰远，远曰反（返）"（以上第二十五章）的规律，并在第十六章中生动地写道："万物并作，吾以观复。夫物芸芸，各复归其根。"老子还在人们遥望星月一脸茫然的时候，便能自发地、唯物地做出这样的宇宙描述，确实令人为之惊叹。

　　考查同属"轴心时代"探索宇宙本原的世界哲学家中，只有古希腊的阿那克西曼德可以与老子比肩。阿那克西曼德认为，宇宙的本原是"阿派朗"（无限定物），它分裂成冷、热、干、湿，从而产生万物。他说（别人的记载）："阿派朗"是"万物所由之而生的东西，万物消灭后复归于它，这是命运规定了的。"

西方的研究者给予阿那克西曼德极高的评价，称"阿派朗"说是西方最早出现的朴素唯物主义宇宙观。这种评价是不过分的。然而就他与老子所述的宇宙观理念的全面比较来看，虽然都已确定了本原是更"素"性的物质，都揭示了物质运动的必然性，事物演化的形态，且其中含有的一与多、生与灭的辩证法思想，但就宇宙演化的内因的理解看，老子的理解更为纯粹而透彻，他直接说"道（即宇宙本源）法自然"（第二十五章），在演化过程也是"莫之命而常自然"（第五十一章），无论原质还是转化都是按照自然规律而存在和变化的。

老子哲学系统的唯物主义属性，不仅表现在他的自然观，同时也贯穿于他的历史观。

然而在这方面争议最大。试翻开现有的有关老子的论文或出版物，基本上都认为老子是唯心主义或客观唯心主义。笔者以为，这是没有将老子哲思的产生与历史条件的必然联系深入考察的误判。

深读《老子》，我们会发现，作为一部纯哲学著述，出于论理的需要，也时有现实社会矛盾状况的真实而无情地展现。这可以看作是老子哲思所依赖的历史背景的例证。他在第七十五章中写道："民之饥，以其上食税之多，是以饥""民之轻死，以其上求生之厚，是以轻死"，并在第五十三章愤慨地称这些贪得无厌剥削广大庶民的贵族是"盗夸（大盗）"。第七十二章中，则反映了百姓因劳役、军役之苦和苛刑压制，不得安居，不得安生的无奈控诉，"无狎其所居，无厌（压）其所生。夫唯不厌（压），是以不厌（才不会感受到压迫）"。而老子就此严肃指出，"民不畏威，则大威至"，到百姓不再忍受威胁时，统治者反而受到的大威胁也就到来了。这种警告在第七十四章中说得更明确而严厉："民不畏死，奈何以死惧之？"

春秋战国时期，社会最凸显的负面就是战争，老子站在生民的立场上是反战的，他指出："以道佐人主者，不以兵强天下……师之所处，荆棘生焉；大军之后，必有凶年"（第三十章）。"夫唯兵者不祥之器，物（指众人）或恶之。"（第三十一章）他还指出：天下有道时，马是用来耕田施肥的，天下无道时，则耕田的马却变成了战马，什么原因呢？"祸莫大于不知足，咎莫大于欲得。"（第四十六章）

老子不仅指出当时社会的种种负面，暗示出现实中的不公对人反向产生的自我戕害，而且作为哲人他还以无限敏锐的洞察力和超人的睿智，揭示了社会之所以不公的根由——社会与自然相反的损益规律："天之道损有余而补不足，人之道则不然，损不足而奉有余。"（第七十七章）。

老子这部哲学著述，其主体当然是关于他主张的"道"和道用的"德"的论说，直接对现实的展现不可能占据很多篇幅。但应知道，这正是引起老子哲思的起因和以此锻造精神武器的原料，并且也是回身奋击的目标。

或许有人会问，老子的"小国寡民"不过是凭空想象的乌托邦，这能是唯物主义？

这种疑问和看法，其实是对哲人特有的哲理逻辑的不甚理解。

不错，老子确实多次强调对于国家的管理要用无为之法，他在第十七章中还明确把国家管理的类型分为四种："太上""亲而誉之""畏之""侮之"，翻译过来就是理想国、仁义国、法制国、暴政国。毫无疑问，他肯定的就是排在第一的"太上"，而且在第八十章具体地把这"太上"描写了一番，称之为"小国寡民"。

若与现实"对号"，这理想国的确与社会现实错位，但如果我们更客观而理性地加以分析思考，问题就会变得明白一层。应当知道，任何事理都不是由单一因素构成，就以所谓的"乌托邦"理想国而言，其超然性虽然与现实错位，然而它的产生却又是对社会现实不合理性反思的结果，而且内含有社会发展和人类进步的引领因素。如此理解，才能将理想信念包括理想国的一个个蓝图准确地放置于思想理念中的应有位置上，给予它们合理的解释。对老子哲思中的浓厚理想色彩也应当这样解读。

哲学是对社会的最根本性证伪，而证伪的同时，必然会生出理想的探索，老子笔下的无为而治的理想王国正是对商、周文明负面的证伪，其作用是为推动历史发展提供了内在的精神动力，哲学家老子的伟大之处正在于此。

对于老子强调的"无为"，也应当有正确的理解。这对扭正关于老子世界观的误解同样很有必要。

"无为"是道学的重要概念之一。若望文生义，往往认为它就是无所作为。其实不然，道学特有的无为理念中，含有贯串宇宙到人类的一条主线——自然，因此无为便成为符合道学要求的合理而积极的玄德之行，以此相对于世俗往往在由"利"及"贪"蛊惑下背离自然的短视之行。两厢对照比较，才能析出无为的全部内涵，其本义应该是无为而为，正如老子在《第三十七章》中指明的"道常无为而无不为"。

老子对"三宝"的论述是对这一问题最好的说明。他说："我有三宝，持而保之——一曰慈，二曰俭，三曰不敢为天下先。慈，故能勇，俭，故能广，不敢为天下先，故能成器长。"（第六十七章）三者的作用都针对现实本应有的需要，而三种行为也是正面的积极的，由此可以说明老子的无为实是无不为，或者辩证地说，彼无为，此有为。

我们简约地检阅一番老子的自然观和历史观，从中可以看出，它的产生和对社会的反馈，并没有割断与社会基础的联系，只不过是间接的复杂的联系罢了。所以，老子哲学的根本观点是唯物主义——这应该是对道学体系的总的客观的定性。

贯通中国文化的精神经脉

老子哲学是一种特殊的社会反应的精神形式，反过来它的社会功能也具有别的精神形式不可替代的作用。

哲学的意义，过去一般地强调到世界观和方法论的层面，实际上它更渗入到历史的深层。正确的认识是对事理的通透，而真正的通透，不止于聪明机智，需要上升为有益于人的完善的大智。《老子》通篇讲的就是这个道理，其目的也是以这一道理用不言之教的方式来影响人们。

在思想方面——
从我国古代思想发展史考察，老子道学在行世过程中所发挥的作用，最根本的，就是贯彻"常与善人"的宗旨，而且这一职能贯穿于我国历史的始终。

再早不必说。历史进入西汉，《老子》曾以显学的地位被汉初的封建统治者极为重视。出于恢复经济、休养生息的需要，他们以老子的无为而治精神简政轻法，减免赋税，鼓励农耕，藏富于民，出现了历史上有名的"文景之治"。那时，上下思想领域都尊崇黄老之说。黄老学说实质上就是老子的哲学精神。皇族淮南王刘安及其门客编写的《淮南子》，其主线即继承先秦的道家学说，从此书的核心思想"韬虚守静，为而不争，功而不居"，便可看出，这与《老子》的基本思想及表述别无二致。

魏晋时期，思想界兴起一股狂暴的玄学之风，主要代表人物有何晏、王弼、阮籍、嵇康、向秀，都是当时的名士。这说明社会思想的震荡非同平时，是我国第二个历史低谷期催动思想嬗变的社会反映。玄学的思想之源也出自老子的哲学理念，玄取之于《老子》首章中的"玄之又玄，众妙之门"。玄学主要探求幽深、玄远的问题，对思想解放和精神扩大具有空前的积极作用，但其中也有偏离道的真义而衍生出荒诞、夸张、立异等精神异变。

至唐，李姓王朝特将老子尊奉为"太上玄元皇帝"，对老子思想的传播有积极作用。本朝的道学理论家司马承祯，重点发挥"无欲""无智""无为"思想，提出只有进入虚无境界，才能把持万物根本，只有"虚静至极，才可以得道永生。"

宋明时期，虽然儒、佛、道各教义更为融合相兼，但人们思想的深层依然是道学理论据上游，甚至在儒学中、佛学中，都有道学思想的渗透。宋代周敦颐，理学的创始人，他的理学内容主要有两个方面，一是研究自然界的宇宙观，一是研究人性世界的伦理观。在论述宇宙本原时，他把《老子》的"无极"（其实《老子》中的这个"无极"是指德的无限性)、《易》的"太极"，中庸的"诚"熔造而成为自己的体系，其中无极和太极的合而为一，即"无极而太极"，显然采取了老子宇宙本原的质而无形，有无统一的观点。周敦颐的宇宙观的全部内容，还突出地提出要由太极推及到"立人极"，让圣人与天地合为德。这也是将老子"道生之，德蓄之"（第五十一章），道与道用应为有机整体观念的活用。同时代的新儒派理学家张载，在其关学理论中，受老子道学的影响更加明显，无论是"气本论"的宇宙本原的探索，还是人性观方面的主张，都吸收了不少道学观念（可详见拙作《张载思想考辨》）。

在宗教方面——

老子创立的道家与后来产生的我国土生土长的宗

教——道教有着直接的联系。

道教最早出现于东汉末期，它的出现虽有社会现实条件，但道家思想的演化对于道教来说却是内在的成因。道教尊老子为道主，奉老子著述为《道德真经》，是道教的主要经典。道教的思想理论同样以"道"为最高范畴，主张尊道贵德，效法自然。修炼的主旨以清静无为，去情去欲，忍耻含辱等为"内修真功"；以传道济世度人为"外修真行"，这与老子道学中的清心寡欲，不弃人，不弃物，天道无亲，常与善人的理念息息相通。而修炼的方法中特别讲究"守一"，这也是老子"抱一""得一"论在道教的应用。

尤为值得注意的是，道教的道学中崇尚自然，思想倾向客观的遗传，形成了一种与其他宗教显著的不同点，即把生命看得极为重要，"我命在我不在天"是修炼的精神指导，所谓"得道成仙"，其实质是为延长生命的长度。

在此需要说明，道教与道家虽然有直接的联系，但两者并不等同，简单而概括地说，道教是宗教，道家是学术派别，其学术学科门类归哲学。

在文艺方面——

老子哲学的许多理念，同样对我国的文学艺术产生了十分重要的影响。

　　略举几例。道学中最高范畴的"道"即是一例。道的原理，道即无，而无中有"象"，有"物"，有"精"，有与无在互相转化中得到统一，从而实现了道演化万物的本质意义。文学艺术"意蕴"的形成确实与道的原理有相通之处。后来的庄子在《天地》篇中又以"象罔得玄珠"的寓言说明这个道理，更具备了文艺象征的启发性。美学大师宗白华在《美学散步》中解读"象罔"说："非无非有，不皦（明）不昧（暗），这正是艺术形象的象征作用，象是境象，罔是虚幻，艺术家们创造虚幻的境象以象征宇宙人生的实际。"

　　老子哲学中的"虚""实"观念，同样在文学艺术创作和欣赏中得到多种应用，南朝的刘勰在其《文心雕龙·神思篇》中，特别强调了虚在艺术中的作用，说道："陶钧文思，贵在虚静"。

　　老子的"自然"思想同样引起文艺家们的共鸣，另一位南朝的文艺批评家钟嵘，在其《诗品》中提出了"自然英旨（美味）"的创作主张，唐代李白用诗歌唱道："清水出芙蓉，天然去雕饰。"同朝的美术评论家张彦远，在《历代名画记》中指出："自然者，为上品也。"

　　道学中特有的"玄远"观在文艺中的影响也不可小觑，其表现是以虚写实，追求一种飘逸而空灵的美，这在传统的诗歌、音乐、美术中是常见的艺术特色。

老子哲学对文学艺术的影响还很多，不能一一列举。要旨是文艺的审美作用和哲学的启迪作用本质上是相通的，都是开发大智，促使精神完善。

老子的哲学思想同样也贯穿在我国传统的武术强身和医学保健之中，不再赘述。

历久弥真的哲理内涵

老子哲学之所以成为我国乃至世界非同一般的精神财富，受到人们越来越高的评价和重视，除了因为它具有精神领域的特殊位置，反馈社会的悟性作用之外，还因为老子的哲思表现出超越时空的非常智慧。

老氏的哲理阐述，认识精深，析义透辟，寄托悠远。纵观全篇，一个个阐明的道学理念，犹如一颗颗宝石镶嵌在系统的框架中，既有隐逸哲理的玄妙色彩，又有洞悉一切的澄澈和透明，其蕴意还赋予与道义同质的历久弥真的奇异特性。

《老子》中处处闪现的辩证思想早已为人们共知，如祸福相随的"祸兮，福之所倚，福兮，祸之所伏"，如一切都不是绝对的非此即彼的"有无相生，难易相成，长短相形，高低相倾，音声相和，前后相随"，如思辨更加高超地加以人的主观能动性条件，促使事物加快转化的"将欲歙之,必固张之。将欲弱之,必固强之。将欲废之,必固兴之。将欲夺之,必固与之",等等,已被历代世人津津乐道,口口相传,在此不必多言。

老子辩证唯物论的宇宙观念,虽然我们都称之为是自发的、朴素的,但如果对此静笃研读,加深探究,又会发现其中的哲学论断是那么神妙而精当。他表达宇宙的本原、本体时,感到无法命名(现在任何命名也很难完全准确,因为宇宙永远被探索中),想来想去,便选用了一个"道"字。为什么选择它?道的本义是人所往所归之经由,那宇宙万物演化的过程不也同样有它们所往所归的经由?因而确定为"道"。试想,这思维何其微妙之致!

正因为这个质性而不可直感的"道"理论,包藏着"常有"的真理性内核,所以现代不少自然科学家在获得新的认识成果后,却从老子的思想处突然惊奇地发现,原来同一命题早在两千多年前已有超然智慧的先知!耗散结构理论创始人,诺奖得主普利高津指出:它的这一理论对自然界描述,"非常接近中国道家关于自然界的自组织与和谐的传统观点。"华人物理学家,诺奖得主李政道说:"量子力学中测不准原理,与老子所说的道可道非常道的思想,也有吻合之处。"大物理学家,也是诺奖得主的玻尔,是量子力学中互补原理的创立者,他却说:"我不是互补理论的创立者,我是得道者。"

在老子的哲学体系里,道是总领,是总纲,由它把自然与社会有机地联系在一起,人与自然才有了同一的最大的概括性。老子就是以如此宏观的大视角观察并体悟事物(包括人的行为),认识到万物终究要走向它们的归宿,因而提出了过程中必然要遵循一定的最正最真的规则,这就是书中所谓的"道生之,德育之,物形之,势成之"(第五十一章)。人们为此把万物道化过程中隐匿其中的"无"称之为道体,把承接道,显形于职能和作用的德称之为道用。道体和道用的有机结合,是老子哲学独树一帜的鲜明标志。

老子以自然和社会关系一体论为指导,在历史观中同样提出了许多玄妙而含真的哲学论断。

譬如,他秉持宇宙观中"常"与"恒"的哲学理念,认真剖析社会出现畸形发展并混乱不堪的缘由,从而认定在无限的人类历史过程中,最后取得胜利的力量是"弱",而不是"强",因为弱代表的是利而不害,利而不争,是正义的力量。所以他写道:"天下莫弱于水,而攻强者莫之能胜。"(第七十八章)"天下之至柔,驰骋天下之至强。无有入无间。"(第四十三章)意思是天下最柔弱的,能在最强的东西中自由穿梭,看不见的,也能钻入实体的空隙,以此说明"弱"与"柔"内含的优势，攻强者都不能战胜它，何况强者。

再如，在同样的思想指导下，他把人的行为限制在有力有为而不能越界的范围之内，如"勇于敢则杀，勇于不敢则活，此两者或利或害。"（第七十三章）这里的"敢"为侵犯义，勇到侵犯他人时就最终一定会死亡。对于勇，老子其实是很赞成的，他持而保之的三宝之一的"慈"，首先就是为了能有勇，不然怎能施行慈的行动，因而他解释"慈故能勇"。但是，这个勇绝不能超越"慈"的限定，否则这件宝贝就失掉了。

在老子的历史观中，最能反映他非凡智慧的，是那句"天之道，损有余而补不足，人之道则不然，损不足而奉有余"（第七十七章）。这个关于"天道""人道"的思想判断，是他哲学中最光辉之点。远在春秋时代的人，就能有如此重大而带有根本性的社会思考，特别是能把人与人的关系看得无比透彻，从而揭示了人类历史产生负面的根源，无论从判断的精准度讲，还是从结论的意义上讲，这一哲学思考都可称得上旷世烁今的精神探索典范。

以上可以这样概括：老子哲学不是指导局限，而是指导无限；不是指导目下，而是指导宏观；不是指导一时，而是指导永远。从这个意义上讲，老子哲学是"常"学，是"恒"学。

哲理既有"常"与"恒"的属性，它就必具无限的概括，纯真的内涵，永远的指导意义。《老子》中的许多玄妙之至的警言警句，确有这样的理性高度。

如，"大音希声"一语，此中所含的哲理是和谐大于一切。《乐记》解释音与声，音为合奏之音，声是独响之声。合奏起来才有悦耳动听的音乐之美，在合奏中，所组成合奏的各个声部就显得稀薄而微弱了。以此晓喻，无论自然还是社会都以广大而和谐为美。

又如，"大象无形"一语，其含义同样幽深。大象象征无边无际的映象，其中有物吗？当然有，只是此物非定形之物，所以只见象而不见形，若见形，此物也就不再发展，其生命也就相应完结了。任何事物，尽量保持它的"大象"阶段，才可以充分发挥它的生命力，这也就是他说的"大成若缺，其用不弊"（第四十五章）的道理。

再如，"有之以为利，无之以为用"，这是讲世间普遍存在的一个道理：某种事物的独立性（包括性能）消失的同时，也就转化为别物或别物部分了。这里"利"为性能，"用"代另物。现在的概念中还有"利用"一词，也是把别的具有一定性能的事或物，用到要形成或制成的新事物中（它们有同性）。

有的哲理不但含意深远，而且随着时间推移显得越来越真切。老子的思想里特别强调"啬"。啬同穑，本义为收禾，后有收获、储藏、积蓄连续义，老子这一哲理则是取——余而少出以保存长久之用的复杂而丰富的内容。这与我们现在说的"节约"相近。在我们没有深入认识节约意义的时候，并不看重它的重要性，最多上升为一种修养和美德。但当我们认识到我们地球家园的矿藏、能源、水资源都是有限的，而且已变得越来越少，已联系到人类自己的生死存亡的时候，才突然惊悟这个节约的意义原来大如天！以此反观老子的啬，他强调"治人事天，莫若啬"，竟然早有这样的智慧内存其中，足见其哲思有超越历史的永恒价值。

老子的"和光同尘"说，虽然文中是表述道之潜行，但引申的哲理之意确有如道一样的恒久性。世人很欣赏老子的这一洒脱而自然的行为准则，但未必深解这一行为准则的大义所指。从人的本质讲，凡是人都不能游离大众之外，否则就是对自己这个人的否定。但是，在现实中人又几乎不能真的遵循这个准则，口说人怕出名猪怕壮，实际上有谁抗拒了名利的诱惑和招唤？有谁能既得名利而急流勇退让自己不异于大众？如此又怎能和光同尘，甘当一个普普通通的人？所以和光同尘不是附庸风雅的座右铭，而是永远警示人利而不得，功而不居，名而不显的一面历史明镜。

老子说他的道学只施行"不言之教"。若以字面肤浅解释，会认为这不过是一句玄虚式的表达。其实，老子此言隐含一个极其深刻的与精神净化相联系的教育方式的暗示。我们的教育（只指人性方面），无论是言教还是身教，其实都是有言之教，结果如何？世人的悖理逆行且不论，仅从现实的违纪犯罪考察，其效果也不言自明。人真正的觉悟，必须最终要经过悟性意识形态的感悟，而这种教化方式不是言教，也不是身教，而是像宗教的潜心修炼，或艺术的心灵感染，或哲学的蒙昧启悟，三者都是不言之教。由此可见，"不言之教"一语深藏有人性复元漫长过程的警示。

领悟这些微言大义，我们不能不由衷地感激老子，他以先哲先知的彻悟，以道常无名的精神，无私地矜慈地把许多具有深奥哲理的警言警句赠予我们后人，让我们的精神在反复诵读中得到升华。

结语

老子哲学是春秋时期百家争鸣中出现的中国古代最高哲思的结晶，它与世界同时代最高哲学思想比肩而立，且可居之首，是中国的骄傲，也是世界的骄傲。哲学是直接耕耘精神世界的，而老子早在二千五百年前，就开始以自发而朴素的辩证唯物论思想，勤耕我们的这片精神家园了，称誉他是伟大的哲人先知实不过分。老子的哲学体例和特色，完全是中国式的，哲理的阐发寓于形象的表述之中，增添了可读性和高雅感，更善于借助无言之教随着"袭明"的潜流不断润泽人们的心田。谈老子，不必否定孔子创立的儒学在条理社会现实秩序起到的作用，而且长期成为中国封建社会的显学。但即使如此，道学也并不寂寞，无论对我国精神领域的直接作用，还是对世界人文的影响，道学始终没有停歇自己的职能。而且随着历史的发展，显学的位置也会转换。相信人们面对现实的多元思想的出现，和世界局势变幻时的纷繁复杂，对老子哲学的求知欲和信任度会越来越强，越来越高。

2022 年 6 月 22 日介聂于北京

作者简介

　　介聂，诗人，学者，高级编辑，享受国务院特殊津贴。曾任全国政协人民政协报《华夏副刊》主编。长期从事诗歌创作和文艺理论、古典文化中有关精神文明的研究。出版诗集《带齿的烛照》《日冕》，专著《艺术本质和精神完善》《老子精释》，散文合集《蓝·蓝·蓝》。主编《诗国拾英》《统战学词典》（合作）。译编《时序上的情歌》（合作）。